과학
인문학

시인과 함께하는 물리학 산책

과학 인문학

시인과 함께하는 물리학 산책

김병호 지음

글항아리

차
례

머리말

삶은 총체적이다. 아니 우리가 아는 가장 총체적인 것이 삶이다. 이 총체를 이루는 성분 안에는 시간도 포함되어 있고 시간이 가진 불확실성이라는 심술도 들어 있다.

마눌님은 아이와 함께 며칠 친정에 다녀오겠다고 갑자기 선언한다. 좋지 않았던 최근의 정황으로 보건대 남자는 그다지 탐탁지 않았지만 금세 수긍할 만한 몇 가지 이유를 찾는다. 한동안 소원했던 몇몇 친구들과 가질 수 있는 시간도 그중 하나다. 남자와 마눌님은 암묵적인 합의에 이르렀다. 그래서 마눌님은 친정 식구들과 남자를 험담하는 데 몇 개의 밤을 온전히 썼으며 남자는 늦은 밤까지 나름의 유흥을 즐겼을까?

우리가 온전히 예측할 수 있는 것이 있고 예측 불가능한 것들이 있다. 한 시간 정도 지나면 베란다의 제라늄 화분 사이로

해가 질 것이다. 99.99%의 확률로 내일 아침이면 해는 다시 뜰 것이며 99.999%의 확률로 딸아이는 30분 안에 배가 고프다며 엄마에게 투정을 부릴 것이다.

3층 창가에서 머리를 내어놓고 침을 뱉는다. 물론 적대적 목표를 가지고 있던, 어릴 적 이야기이다. 그놈이 지나간다. 한껏 몸집을 불린 찐득한 그것은 야심차게 출발하지만 단 한 번도 목표물을 제압한 적이 없다. 가장 큰 변수는 바람이다. 바람의 방향과 속도, 침의 표면적과 점성, 목표까지의 거리, 놈의 속도와 방향, 그날 머리통의 단면적 등, 무수한 변수의 조합은 단 한 번도 나를 기쁘게 하지 않았다. 심지어는 건물을 타고 오르는 상승기류에 다시 내 얼굴로 돌아온 침도 있었다. 수많은 공기분자들의 움직임을 포함하는 복잡계에서 정밀한 예측은 불가능하다. 단지 패턴을 형성한다.

사람들 마음과 이들의 상호작용 또한 대표적인 복잡계로 볼 수 있다. 이런저런 나름의 계산들이 충돌하고 또 그것이 외부 현실과 상호작용한다. 남자는 몇 개의 스케줄을 그리며 기차표 두 장을 끊어다주었으며 마눌님은 시한부일망정 매몰차게 동네를 떠날 심산이었다. 그러나 그 전날 누군가로부터 전화를 받은 남자는 슬리퍼를 신고 밤마실을 나갔다. 마치 조촐한 전야제라고 할까? 딱 두어 잔 걸치는 와중에 어쩌자고 눈발은 날리기 시작했는지, 어쩌자고 눈들은 고향으로 돌아가지 않고 남자가 사는 동네에 쌓여있었는지.

남자는 생전 처음 119구급차를 타고 인근 대도시의 종합병원으로 실려갔다. 오른쪽 발목 골절. 크게 심각한 정도는 아니지만 얼추 한 달 이상은 깁스를 풀지 못한다는 진단이었다. 예상치 못한 상황은 각각 다른 곳에 있을 예정이던 한 식구 구성원을 예상치 못한 장소에 모아놓았다. 입원실.

총체성의 또 한 얼굴이다.

과학이 따로 있고 문학이 따로 있지 않다. 따로 있지 않을 뿐 아니라 이 둘이 얽혀 있는 곳은 우리의 삶 안쪽이다. 그래서 다시 삶은 총체적이다.

이 글들은 과학 하는 이에게는 과학이 우리 생에서 의미를 가질 수 있는 장소에 대한 물음이고 먼발치에서 과학을 바라보는 이들에게는 아이의 밥 위에 생선을 발라 올려놓듯 현대 물리학의 맛있는 살점만 살짝 도려내어 보여주려는 가당치 않은 의도였다. 정말이지 가당치 않은 정적이다.

그 속에는 보일러가 방을 덥히는 낮은 가릉거림이 있고 어둠 속으로 자맥질하는 차들의 비명도 낮게 깔려 있다. 분주함이 오래된 먼지처럼 가라앉은 허공으로 새끼손가락만 한 민달팽

이가 한 마리 지나간다. 깜짝 놀랄 만한 정적이다.

2010년 1월 1일

어느 정형외과 입원실에서

1장

질량,
친근하지만
속내를 알 수 없는 것

"물질은 시공이 어떻게 휘어질지를 말하고
시공은 물질이 어떻게 움직일지를 말한다."

John Archibald Wheeler

질문

"질량이 뭐야? 아빠."

이런 질문은 말 그대로 무언가를 처음 접하는 이나 할 수 있는 것이다. 거기에 순진무구한 영혼까지 필요하다. 중고생만 되어도 혹시 '나만 모르고 있는 거 아냐?' 하는 체면치레와 남들의 시선 탓에 도저히 할 수 없는 질문이 되고 만다. 간단하기에 그렇고 익숙해서 더 그렇다. 정 필요하면 골방에서 혼자임을 확인하고는 인터넷으로 지식검색을 할 따름이다. 그러나 뭔 말인지 통 모르겠다.

"인생이 뭐야? 아빠."

이런 질문에는 모두들 물러서지 않는다. 나름 한마디씩 힘주

질량,
친근하지만
속내를
알 수
없는 것

어 말한다. 접두어로 낮은 헛기침을 빼놓지 않고. 나름의 개똥철학을 동원한 장황설이 끝나갈 때쯤 듣는 이는 한마디 한다. 뭔 말인지 통 모르겠다고.

이렇게 상반된 반응의 이유는 아마도 과학적 개념에는 명쾌하게 요약된 '정답'이 있다는 믿음이 있기 때문일 것이다. 반대로 '인생에는 답이 없다' '인생 뭐 있어?'라고 횡행하는 이런 말 뒤에는 인생은 일목요연하게 요약할 수 없다는 멋진 핑계와 '인간이 인생을 어찌 알랴?'라는 불가지론을 든든한 버팀목으로 활용한 흔적이 보인다. 그러나 백과사전에서 질량을 찾아보면 그저 '물질의 양'이라는 말로 서둘러 얼버무리고 바로 [kg]이니 [g]이니 하는 단위로 넘어간다. 아무래도 난감한 아이들의 질문을 피해 서둘러 딴소리를 시작하는 어른들의 모습이다. 인생을 사전에서 찾아보면 '사람이 세상을 살아가는 일'이라고 자신 있게 마침표를 찍고 있다. 어째 인생이 질량보다 훨씬 더 명쾌하다.

몇 갈래 길

나름대로 친숙한 단어 '질량', 그러나 실제로 질량이 무엇인지

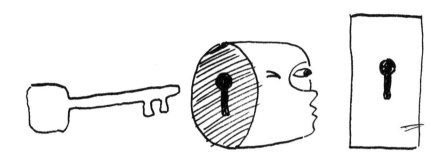

단순한 비밀은 없다. 모든 비밀은
삶이라는 탁자 위에 놓여 있기 때문이다.

알고 있는 이는 거의 없다. 현대과학이 최전선에서 캐고 있는 주제이기에 아직 완성된 답을 가지고 있지 않기 때문이다. 그러나 질량의 정체를 떠나서 그것의 효과와 표현은 어릴 적부터 우리가 강제로 배워온 과학 교과 덕(?)에 낯설지만은 않다. 물론 대부분의 사람에게는 이미 첫사랑의 발 냄새만큼이나 아득한 존재이겠지만.

일단 질량은 영어로 mass이기에 m이라는 모양을 가지고 과학 교과서에 출몰한다. $F = ma$, $F = G\frac{m_1 m_2}{r^2}$ 이처럼 눈에는 익지만 속내는 알 수 없는 모양들에서 m은 모두 질량을 나타낸다. 이것이 질량이 우리 눈에 띨 때 나타나는 표현형이다. 질량의 효과라고 할 때 가장 먼저 떠오르는 것은 체중계의 숫자를 올리는 힘, 다이어트를 부르는 물리량 정도이다. 거기에 과학 상식을 좀더 가진 사람들은 뭔가를 잡아당기는 힘과 관련이 있다고 생각한다. 그리고 딱 거기까지다.

질량은 보통 세 종류로 나누고 있다. 먼저 관성질량이다. 모든 물체는 자신이 가지고 있는 운동 상태나 방향이 변하는 것을 싫어한다. 겹으로 주차되어 있는 차를 밀어야 하는 아침 시간이면 우리는 관성질량의 효과를 온몸으로 톡톡히 치러야 한다. 서 있던 것은 계속 서 있으려 한다. 일정한 속력으로 움직이던 것은 계속 움직이려 한다. 즉 관성으로 나타나는 질량의 효과이다. 그리고 차를 밀어본 이들은 알겠지만 큰 차일수록 꿈쩍도 하지 않는다. 이는 바닥과의 마찰력과는 상관없이 관성질량이 갖는 효과이다. 질량이 클수록 변화를 싫어한다는 말이다. 물질이 가지고 있는 게으름을 표현한 것이라 할 수 있을까? 빨리 차 어딘가에 있을 전화번호를 찾는 것도 관성질량을 이기는 좋은 방법 중 하나이다.

다음은 중력질량으로 우리가 흔히 무게라고 부르는 것이다. 억압적이고 획일적인 교육환경보다는 못하지만 학생들의 어깨를 지구 중심 방향으로 짓누르고 있는 가방이 가지는 힘이다. 이것은 질량과 지구가 가진 중력가속도의 곱으로 나타나는 힘으로 질량이 중력에 반응해 나타나는 효과이다. 중요한 것은 무게는 힘이라는 사실이다. 일상생활에서 질량과 무게를 의심 없이 동의어로 사용하고 있지만 이 둘은 차원이 다른 개념이다.

여기서 생기는 의문! 질량이 커지는 정도만큼 분명 무게도 늘어난다. 즉 중력은 큰 질량을 더 세게 잡아당긴다는 말이다. 갈릴레오가 피사의 사탑에서 떨어뜨렸던, 질량은 다르고 모양은 같은 두 개의 쇠공은, 그러니까 무거운 공이 무거운 만큼 빨리 떨어져야 한다는 말이다.

당신의 절친한 친구가 세상을 비관했다. 젊은 날에 세상과 사람 사이의 거리를 조절하는 동력은 대부분 사랑이다. 에리히 프롬의 말대로 사람은 사랑의 대상을 통해 세상을 보는 것이다. 사랑은 어느 순간 볼록렌즈가 되어 작은 것을 크게 보여주기도 하지만 다음 순간 오목렌즈가 만드는 화면처럼 세상을 왜곡하고 아주 먼 곳에 가져다놓기도 한다. 당신의 친구는 등 돌린 연인으로 인해 렌즈가 완전히 불투명하게 변해버려 세상에 대해 아무것도 볼 수 없는 상황을 맞았을 것이다.

그는 지구의 중력장 안에서 절벽의 높이가 가진 위치에너지를 도구로 의미가 없어진 세상의 스위치를 꺼버리기로 작정한다. 그러나 이를 눈치 챈 당신은 그를 추적해 절벽 위에 도착했다. 보통은 영화에서처럼 당신이 아슬아슬하게 뛰어내린 친구의 손목을 잡는다. 아니 발목이어도 좋다. 그러고는 안간힘을 다해 그를 끌어올리고 눈물어린 포옹으로 막을 내렸을 것이다.

그러나 영화는 현실에서 힘을 쓰지 못했다. 친구는 이미 1초 전에 뛰어내린 것이다. 낙하 공식에 따라 절벽 아래 4.9m 지점을 지나고 있었다. 순간 당신은 중력질량에 대해 추론하며 지체 없이 친구를 따라 절벽을 뛰어내렸다. 친구의 질량은 50kg, 당신의 질량은 90kg, 거기에 당신이 맨 낙하산 10kg. 따라서 당신은 친구보다 두 배의 중력질량을 가졌으므로 바로 따라잡을 것이라는 생각이었다. 그러나 이게 웬일인가? 먼저 자유낙하 한 친구와의 거리가 조금도 좁혀지지 않는 것이었다. 오히려 더 멀어지는 것이 아닌가?

갈릴레오가 던진 두 개의 쇠공은 동시에 떨어졌다. 그러니까 중력장 안에서 떨어지는 속도를 나타내는 수식에는 질량이라는 글자가 없다는 얘기다. 누가 지웠을까? 우리가 가진 일상적인 직관을 거스르는 이 사건을 이해하려면 유력한 용의자인 관성질량의 행적을 추적해야 한다. 질량이 증가함에 따라 중력과 작용하는 중력질량도 정확하게 비례하며 증가한다. 그러나 이 순간 정지해 있던 물체를 움직이려면 가해야 하는 힘인 관성질량도 똑같이 비례하며 증가한다. 그러니까 당신의 질량이 친구의 두 배이기 때문에 중력장 안에서 두 배로 빨라지려는 순간 정지해 있던 질량이 움직이기 싫어하는 성향, 즉 뒤로 작용하는 관성력도 두 배가 된다. 이 둘은 정확하게 서로를 지우면서 없어지고 당신과 친구는 같은 비율로 속도가 증가하면서 자유낙하 한다. 당황스럽다. 아차, 당신의 표면적은 친구보다 훨씬 넓다. 공기가 당신에게 저항하는 힘은 당신의 친구에게 저항하는 힘보다 훨씬 크다. 당신은 친구로부터 멀어진다. 현실은 비극이다.

새로운 질량

세 번째 질량은 아인슈타인이 발견한 질량이다. 에너지 질량이라고 부를 만한 것이다. $E=mc^2$이라는 유명한 수식이 바로 이 내용을 얘기하고 있다. 정확하게 급소를 찔러 한방에 진실에 이르는 날카로우면서 아름다운 모양이다. E는 에너지이고 알다시피 m은 질량이다. 그 사이에 있는 '='이라는 기호는 그 왼쪽과 오른쪽이 완전히 같다, 라는 수학적 기호이다. 우리가 알고 있던 형체 없이 떠도는 에너지라는 것이 바로 질량이라는 말이다. C^2은 단순한 숫자이다. 공식은 질량에 C^2이라는 숫자만큼만 곱하면 바로 에너지가 된다고 말하고 있다. C는 빛의 속도이다. 초속 30만km에 달하는 빛의 속도를 제곱한 숫자이다. 말 그대로 아주 큰 숫자이다. 이것을 풀이하면 질량이 에너지로 변하는 순간 어마어마한 양이 된다는 것이다. 구체적으로는 질량 1g • 이 에너지로 바뀌면 8.99×10^{13}J에 해당하는 에너지로 변한다. 이는 100W 전구를 2만8500년 동안 켜놓을 수 있

• 작은 티스푼 하나에 올라가는 설탕의 양을 생각해보자.

는 전기에너지와 같다. 그래서 다시 이 공식을 해석하자면 무형의 에너지가 차곡차곡 모여 아주 높은 밀도로 쌓인 덩어리가 질량이라는 얘기다. 질량이라는 것은 에너지가 존재하는 하나의 방식이다. 눈에 보이지 않는 공기가 존재하는 형식은 나뭇가지를 흔드는 일이다. 바람은 하나의 방식이다.

이렇게 질량이 바로 에너지로 바뀌는 일은 우리가 잘 알고 있다. 무거운 원자가 여하한 이유로 둘로 쪼개진다. 질량보존의 법칙에 따르면 쪼개지거나 붙거나 이전과 이후의 질량의 합은 같아야 한다. 그러나 어떤 무거운 원자(주로 우라늄이다)가 쪼개지면서 그 정신없는 분열의 순간에 미미한 질량이 사라진다. 또 아주 가벼운 원자(수소) 둘이 합쳐지면서 역시 미미한 질량이 사라진다. 그 질량이 바로 방사선과 열 등, 여러 에너지로 직접 변하는 과정은 상상을 초월하는 위력을 가지고 있다. 이런 엄청난 질량-에너지 변환과정을 확인한 인간은 가장 먼저 인간을 죽이는 무기를 만들었다. 무거운 원자가 갈라지는 과정이 원자폭탄이나 원자력발전소에서 이용하는 핵분열이고, 수소 둘이 들러붙는 과정은 태양이 스스로를 태우는 원리이자 우주의 모든 별이 밤하늘에서 애절하게 깜박이기 위해 사용하는 방법인 핵융합이다.

당신의 친구가 사랑 때문에 세상을 비관해 절벽에서 뛰어내렸고, 무게가 두 배는 더 나가는 당신이 곧 뒤따라 뛰어내린다 해도 당신은 그를 따라잡을 수 없다. 중력질량이 두 배인 만큼 저항하는 관성질량도 정확히 두 배로 늘기 때문이다.

당신에겐 아직 희망이 있다. 이 세 번째 질량을 이용해 친구를 구해야 한다. 절친하지만 가까워지지 않는 친구를 따라잡으려면 질량을 에너지로 바꾸는 자그마한 원자로를 달고 추격하자. 에너지 질량의 효과이다. 그러나 어마어마한 에너지를 잘 조절하지 못한다면 당신은 지구를 뚫고 반대쪽으로 튕겨져나갈 수도 있다. 따라서 평소에 친구를 유심히 살피고 이상 징후가 보이기 전에 잘 설득하는 방법을 권하고 싶다.

그것들이 움직이는 길

문학과 과학은 같은 곳에서 출발한다. 세상에 대한 호기심이며 그 호기심을 밀고 나가는 힘은 상상력이다. 다만 표현하는 논리와 방법이 다를 뿐이다. 이제 그 호기심으로 질량의 효과를 다시 추적한다. 아까 휙 지나갔던 공식 하나,

$$F = G\frac{m_1 m_2}{r^2}$$

이것은 뉴턴이 찾아낸 만유인력萬有引力의 공식이다. 모든 수식이 어려운 것은 아니다. 이것도 일종의 언어이니까 한번 따

라 읽어보자.

이 식은 말 그대로 모든 것은 서로 잡아당기는 힘을 가지고 있다는 말이다. 조금 구체적으로 얘기하면 질량을 가진 모든 것은 서로를 잡아당긴다, 이다. 공식 위에 위치한 두 개의 m은 질량을 가진 대상이다. 나와 당신이다. 당신과 내가 서로를 잡아당기고 있는 것은 확실한데 어느 정도의 힘으로 잡아당기는지를 정확하게 계산하는 식이다. 그 힘은 내 질량 80kg에 당신의 질량 90kg을 곱한 만큼의 수로 서로에게 이끌리고 있다. 그러나 분모에도 무언가 있다. r은 당신과 나 사이의 거리로 서로 멀리 있는 만큼 힘은 줄어든다. 그것도 제곱으로. 우리 사이의 거리가 두 배 멀어지면 네 배만큼 서로에게 끌리는 힘이 약해진다. G는 정해진 하나의 상수로 아주 작은 수이다.

누가 봐도 가볍지 않은 두 사람의 질량이 서로를 잡아당기고 있고 거리도 아주 가까워서 자칫 자석의 다른 극처럼 서로에게 달라붙어버릴 위기에 처한 순간이 이 G라는 작은 수에 곱해지면서 잠자는 새끼 강아지처럼 조용해진다. G가 아주 작기 때문에 길에서 마주치는 모든 사람이 서로에게 달라붙지 않고 조용히 목적지로 향할 수 있다. 오로지 지구가 잡아당기는 중력의 효과만을 느끼면서.

이것이 뉴턴이라는 천재가 발견한 질량들이 서로에게 작용하는 방식이다. 이 질량 때문에 생긴 힘은 오로지 서로를 끌어당기기만 한다. 그러나 우리가 알고 있듯이 자석은 서로를 잡아끌기도 하지만 어떤 때는 밀쳐내기도 한다. 전기도 마찬가지다. 서로 다른 것끼리는 잡아당기지만 같은 것끼리는 밀친다. 질량 때문에 생긴 힘은 전자기력에 비하면 아주 작다. 우리 몸은 수많은 원자들로 이루어져 있지만(실제로 원자를 들여다보면 아무것도 없는 진공이나 다름없다) 어제와 오늘, 크게 다르지 않은 모양을 유지하고 있는 것도, 엄마가 잠겨 있는 아이의 방문을 뚫고 들어가지 못하는 것도 모두 전자기력 때문이다.

우리는 전기의 힘으로 똘똘 뭉쳐 있는 것이다. 그래서인지 인간사가 돌아가는 방식은 전자기력을 많이 닮아 있다. 이성끼리 서로 끌리는 힘과 동성끼리 서로 밀쳐내고 경쟁하는 경향(예외도 있지만)이 그렇다. 사람들 모두가 서로를 좋아하지는 않는다. 또 좋아하는 이들도 수시로 상태가 변한다. 좋았다가 싸웠다가 한다는 것은 전자기장이 수시로 요동치고 있는 상태의 표현으로 봐도 좋을 것이다. 우리 선조들이 세상을 바라보던 방식 또한 전자기력과 닮아 있다. 세상을 음陰과 양陽의 조화로 본 것이다. 이 둘은 서로에게 메시지를 전하고 역동적으로 보완한다. 전기를 일으키는 힘이 마이너스와 플러스 전하인 것처럼. 세상에서 일어나는 크고 작은 움직임을 설명하는 훌륭한 형식이다.

질량이 어떤 방식으로 서로에게 영향을 끼치는지, 그들의 방식을 뉴턴은 훌륭하게 설명해놓았다. 뉴턴의 역학이 완성된 후 많은 사람들은 이제 물리학이라는 학문은 더 이상 공부할 것이 없다고 공공연히 이야기할 정도였다.

물리학에서 새롭게 발견될 것은 현재 아무것도 없다. 정밀한 측정이 남았을 뿐이다.

뉴턴이 죽은 지 200년 가까이 지난 1900년에 켈빈 경이 한 말이다. 지금 읽으면 많은 사람들이 실소하겠지만 뉴턴역학이 세상에 준 충격과 영향력을 짐작케 하는 부분이다. 그러나 1879년에 태어난 또다른 천재가 질량을 바라보는 획기적인 시각을 던져놓았다. 아인슈타인은 에너지가 모인 것이 질량이며 그 질량은 자기 주변의 공간을 휘어놓는다고 보았다. 그는 장場, field이라는 개념을 도입했다. 중력장이라고 하면 중력이 작용하는 모든 공간을 이야기한다. 자기장은 자석이 만드는 자기력이 영향을 끼치는 공간이다.

마찬가지로 사랑이 영향을 만드는 공간을 사랑장이라 부를 수 있다. 그러나 이 장은 물리적 장과는 많은 차이가 있다. 일단 만유인력처럼 작용하는 방식을 정확하게 공식으로 기술하기 어렵다. 전혀 예측할 수 없기 때문이다. 아무리 멀리 떨어져 있어도 강력하게 작용하는 경우도 있고 시간이 지남에 따라 급속하게 사라지는 예도 많다. 이것 때문에 자신의 생명까지 희생하는 일도 흔하며 남의 생명을 강탈하는 뜻밖의 작용을 하기도 한다.

전자기장 안에서는 전기를 띤 전하와 자성을 가진 물체가 힘을 받는다. 중력장 안에서는 질량을 가진 것이 힘을 받아 운동한다. 그리고 질량은 다시 공간을 구부려놓는다. 이렇듯 아인슈타인이 생각한 공간은 평평하지 않다. 질량의 정도에 따라 많이 휘기도 하고 적게 휘기도 한다. 흔히 푹신한 침대 위에 올라섰을 때 발 주변이 아래로 꺼지는 모양을 예로 든다. 이는 중력이 만드는 공간의 경사를 2차원으로 축소해 생각하는 것이지만 이것을 3차원으로 확장해 생각하면 이해 못 할 것도 없다.

따라서 중력장 안의 모든 공간은 경사를 가지고 있다. 질량은 또 이 중력장에 반응하고 공간의 경사를 따라 미끄러지기 시작한다. 서두에서 인용한 휠러의 말은 바로 이것을 설명하고 있다.

새로운 추적

이제 질량은 어떻게 생겨났으며 왜 지금과 같은 방식으로 작용하는지에 대해 이야기를 들어본다. 마치 종교적인 질문과 상당히 닮아 있는 이 부분이야말로 가장 첨단의 연구 분야이기 때문에 확실한 답을 갖고 있지 못하지만 많은 과학자들이 재미있는 가설을 세워 연구하고 있다.

먼저 정지질량에 관한 가설이다. 정지질량이란 물체가 상대적으로 정지해 있을 때 갖는 질량이다. 굳이 '정지'라는 접두어를 넣어서 부르는 이유를 말하기 위해서는 또다시 아인슈타인의 이름을 들먹여야 한다. 질량을 가진 물체가 운동하기 시작하여 점점 속도가 빨라지면 그 속도만큼 질량이 늘어난다. 즉 운동 상태에 따라 질량이 달라진다는 말이다. 뿐만 아니라 시간도 느리게 가기 시작한다. 공간이 압축되어 길이도 짧아진다. 이런 현상은 빛의 속도는 어떤 운동 상태에서 보아도 절대 변하지 않는다는 가설을 생각하던 과정에서 나온 결과들이다. 다름 아닌 상대성이론이 설명하고 있는 우주의 행동 방식이다.

이 이론에 따르면 체중을 줄이기 위해 열심히 달리는 사람의 노력이 외려 더 질량을 늘리는 결과로 나타날 수 있다. 당신이 흘리는 땀이나 연소되는 지방 그리고 호흡으로 드나드는 물질들과 같은 효과를 제외한다면 빨리 달릴수록 당신의 질량은 늘어난다. 모든 상황에 적용되지 않는다면 법칙이 아니다. 그러나 상대성이론에 따르는 효과를 눈에 띄게 확인하려면 속도가 빛의 속도에 가까워져야 한다. 당신의, 아니 우사인 볼트의 속도나 초음속으로 비행하는 비행기의 속도는 빛의 속도에 비하면 거의 정지해 있는 상태와 다름없다. 걱정하지 말고 달리자. 역시 운동은 우리를 건강하게 한다.

현재 인간이 스스로 만들어낸 가장 빠른 속도는 역시 빛의 속도이다. 모든 전자기파는 빛의 속도로 진행한다. 인간이 만들어 쏟아낸 전자기파들이 빛의 속도로 우주로 퍼져나가기 시작한 지 100년 남짓 되었다. 또한 인간의 손으로 만든 입자가속기 안에서 많은 입자들이 빛의 속도로 충돌하고 있다. 인간이 가진 의식에는 한계가 없다. 인간의 상상력과 노력으로 끝없이 확장되는 의식에는 경이를 찾아 헤맨다. 인간 또한 우리 우주가 만든 자식이기 때문이다.

이제 '정지질량은 어떻게 출현했느냐?' 는 질문에 대한 피터 힉스Peter Higgs의 답변을 들어본다. 그는 우리가 그냥 텅 빈 진공으로 알고 있는 우주는 힉스장場이라고 부르는, 보이지 않지만 끈적거리는 무엇(?)으로 가득 차 있다고 가정한다. 이 끈적거리는 무엇은 에너지를 가지고 있어서 각각 기본입자의 특성에 따라 들러붙는다. 이것이 묻어 질량이라는 효과로 나타나고 많이 묻을수록 큰 질량으로 모습을 드러낸다는 것이다.

어머니가 고추장 담그는 일을 본 사람들은 한 가지 모습을 떠올릴 수 있다. 메줏가루와 찹쌀가루, 엿기름과 고춧가루를 섞은 걸쭉한 반죽 말이다. 이 반죽을 잘 저어 숙성시키면 맛있는 고추장이 완성된다. 이 반죽을 저을 때 주걱이 크면 클수록 힘이 든다. 우리 어머니들의 팔뚝을 굵게 만드는 일이기도 했지만 이 주걱의 크기를 힉스장 안에서 에너지에 의해 얻어지는 질량이라고 비유한다면 과학자들이 나에게 어떤 비난을 할지 걱정이 앞선다.

힉스장 가설에 다수의 과학자들이 수긍하고 있고 제네바에 있는 유럽입자물리연구소CERN에서 운용하는 초대형 입자가속기가 힉스 입자를 찾고 있으니 조만간 그 진위를 알 수 있을 것이다.

관성질량은 비교적 객관적으로 정체가 밝혀져 있다고 볼 수 있다. 결론부터 말하자면 관성질량은 물질 자체가 가진 속성이 아니라 주변과의 상호작용으로 생기는 효과라는 것이다. 양자물리에서는 아무것도 없는 진공을 아무것도 없는 곳으로 보지 않

비어 있다는 것, 곧 진공조차 아무것도 없는 것이 아니다. 비어 있다고 느끼는 것의 전부는 전 우주적인 요동으로 가득 차 있다는 것이 힉스의 주장이다.

는다.

　당신의 친구가 겪고 있는 세상에 대한 환멸은 아직 끝나지 않았다. 당신의 끈질긴 감시 탓에 이번에는 죽음이 아닌 이 우주에서 가장 깊은 곳으로 도망가 자신을 절대고독에 가둠으로써 환멸의 구덩이를 메우기로 작정했다. 누군가가 발명한 공간 이동 장치를 이용해 지구를 떠나고 태양계를 벗어났으며 우리 은하 밖의 공간으로 나아갔다. 그는 진정으로 아무것도 없는 곳으로 향했다. 그렇게 믿었다. 그곳까지는 빛의 속도로 달려도 20만 년 이상을 달려야 하는 거리였다. 그는 절대 암흑과 절대 정적을 경험하기 시작했다. 아무것도 분간할 수 없었다. 그러자 자신이라는 존재 또한 느낄 수 없었다. 삶도 죽음도, 인간이 만든 어떤 의미도 정적과 암흑에 눌려 모두 사라졌다. 자신마저도 사라졌다. 시간도 공간도 없는 무아의 체험 중에 뭔가가 그의 눈에 보이기 시작했다. 또 들리기 시작했다. 수소 원자 하나 만날 수 없는 완벽하게 텅 빈 공간에서 공간 자체가 지글지글 들끓고 있던 것이다. 그는 똑똑히 보았다. 공간을 나눌 수 있는 마지막 바닥에서, 그러니까 양자 단위의 기본 공간에서는 수많은 입자들이 불쑥 생겨났다가 또 서로를 부둥켜안고 소멸하는 일을 반복하고 있는 것이다.

비어 있다는 것은 아무것도 없는 것이 아니었다. 비어 있다고 느끼는 것의 전부는 전 우주적인 요동으로 가득 차 있었다. 순간, 그의 인생도 작은 사건 하나를 빌미로 텅 빈 것이 아니었다. 그의 삶 바닥에서 엄청난 에너지가 들끓고 요동치는 것을 느끼기 시작했다. 뜻하지 않은 커다란 깨달음에 그는 서둘러 인생으로 돌아오지 않고는 배기지 못했다.

물론 이것은 있을 수 없는 이야기다. 그와 같이 먼 공간으로 이동할 수 있는 기술도 없을뿐더러 ˙ 원자 단위 이하의 초미세 영역을 관측할 수 있는 어떠한 방법도 우리는 갖고 있지 못하다. ˙˙

관성질량은 이 양자적 진공 안에서 요동치는 입자들과 관계 있다. 알다시피 물질을 이루고 있는 원자는 양성자와 전자로 이루어져 있고 이들은 각각 플러스와 마이너스의 전기적 성질

˙ 인간의 손으로 만들어 떠나보낸 물체 중 가장 멀리 여행하고 있는 것은 1977년에 지구를 떠난 보이저이다. 그는 발사 후 2년 만에 목성에 접근했고 여러 행성을 지나치며 많은 정보를 지구로 전송했지만 그가 태양계를 완전히 벗어났다는 소식을 들으려면 2020년까지 기다려야 한다.
˙˙ 우리가 쉽게 말하는 '관측'이라는 것은 또한 엄청난 세상의 비밀을 담고 있는 깊고 버거운 주제이기도 하다.

질량,
친근하지만
속내를
알 수
없는 것

을 가지고 있다. 양자적 진공에서 앞뒤로 춤추고 있는 입자들은 전자기장을 만들고 있으며 이 때문에 공간을 휘저으면서 가속운동을 하는 물질은 가속 방향과는 반대 방향으로 힘을 받는다. 양자적 진공이 가속운동에 저항하는 것이다. 이것이 관성질량의 속내라고 설명하고 있다.

중력질량도 이와 비슷하게 이해하고 있다. 중력장 안에서 물체가 한 지점에 고정되어 있더라도 양자적 진공이 물체를 지나면서 가속하기 때문에 중력질량의 효과가 나타난다. 이렇게 상대적으로 같은 과정을 겪기 때문에 관성질량과 중력질량은 그 크기와 효과가 같다고 설명하고 있다.

카펫 아래에서 훔쳐본 것들

세상의 진실이라는 카펫 아래를 아주 조금 들춰보고 느낀 것은 우리는 정말 아는 것이 없다는 사실이다. 질량이라는 나름대로 친근한 이름에 대해서도 이런 지경이다. 하긴 우리가 무엇인들 안다고 할 수 있을까. 보통 안다고 자신 있게 말하는 일은 이름, 그러니까 명칭을 아는 정도이거나 짧게 대화를 나눈 적 있는 사람에게 흔히 가지게 되는 오해 수준이다.

다시 한번 돌이켜보면 질량은 에너지가 존재하는 하나의 방식이고(아주 효율적으로) 그렇게 만들어진 질량은 시공간을 구부려놓는다. 중력에 의해 구부러진 공간의 경사를 따라 질량과 질량 없는 것들 모두가 움직이고 시간의 속도 또한 달라진다. 질량과 시공간, 그리고 많은 것들이 서로 깊숙하게 연관되어 있다는 사실.

칡뿌리 한 덩어리를 캐러 산에 올라갔다가 온 산에 걸쳐 거대하게 얽혀 있는 뿌리들의 아우성만 듣고 내려오는 기분이다. 우리는 하나의 이야기만 생각해보려 했지만 상상할 수 있는 모든 것들은 서로 연결되어 있다. 무언가 하나가 동떨어져 존재하는 것이 아니라 배후에 존재하는 어떤 무언가가 상황에 따라 다른 얼굴로 불쑥불쑥 내 앞에 나타나는 느낌이다.

어떤 우주적 현상이 있다. 인간은 그 현상의 어느 영역에 대해 작위적으로 선을 긋는다. 그리고 이름을 붙인다. 나름대로 정의하는 것이다. 그리고 그 뒤에 따르는 문장에 나름의 해석을 붙이고 만족해한다. 마치 아이들이 땅따먹기 놀이를 하면서 자기가 그은 선 안에 있는 우주적 실존들이 정말 자신의 소유라고 믿는 것과 같다. 곧 해는 진다. 아이들은 각자 집으로 돌아가고 그 선은 지나가는 이들의 발자국에, 밤사이 골목을 헤매는 바람에, 서리에, 아침햇살에 모두 지워진다.

공간의 경사는 질량이 결정한다. 그러나 삶의 경사를
결정하는 것은 온당히 우리의 몫인가?

이런 순간에 많은 사람은 우리가 잘 알고 있던 사실들에 배신당했다고 느낄 수 있다. 그러나 그것은 배신이 아니며 한밤중 우리의 손전등이 비추는 작고 상대적으로 환한 면적일 뿐이다. 그 부분을 바라보는 우리의 감각은 얕고 통찰은 부족한 것이 현실이다.

모든 사랑은 에너지이다. 들끓는 에너지가 인간 사이의 관계를 만들고 갈망하게 하고 또 그 에너지는 다른 과정을 거쳐 새로운 에너지로 거듭난다. 사랑은 에너지의 순환이다. 이것은 문학적 해석이라기보다는 아직 증명하지 못한 과학적 사실이라고도 말할 수 있다. 에너지가 뭉쳐서 만들어진 질량처럼 우리의 내적인 에너지들도 결절을 만들어 눈에 보이는 모양을 가지고 우리 앞에 드러낼 수 있다. 우리 마음속의 질량이고 관계의 망이 만드는 중력장이다. 그것이 무엇인지 어렴풋이 짐작만하고 있을 뿐 나는 아직 자신 있게 말하지 못한다. 그것을 알려면 보이지도 않고 만질 수도 없는 것들에 대해 분석하고 관측하는 일에 관심을 가질 일이다. 사랑이 그렇고 인생이 그렇다. 과학이 추구하는 일이고 문학이 통찰하는 분야이다.

중력

존 프레더릭 님스John Frederick Nims

지구가 가진 모든 권능 중에서도 가장 부드러운 힘.

번개 같은 섬광은 없다 그녀에게는, 고작 구름 속의 희미한 미

열뿐.

해골바가지에 뼈를 가로지르거나 체인으로 대문을 칭칭 감아

위험! 조심! 고중력! 따위로 경고할 필요도 없다.

서로 화해시키고 가까이 이끌어주는 그녀의 정열은 사랑.

그녀의 심연에는 그 어떤 공포물도 숨어 있지 않다.

원자의 시끌벅적한 금고 속에 가두어졌다

풀려나자마자 언덕을 베수비오화산으로 만들어

한때 찬란한 도시를 화장터로 만들어버리는 그런 공포도 없다.

그녀는 이해심 많은 우리의 잔잔한 어머니.

흥청망청 이 산 저 산을 헤매다니고 놀다 그녀의 면전에 몸을

날리거나,

술에 취해 벼랑 끝에 차양에 매달린 고드름처럼

어리광 부리는 바보들에게도 그녀는 고통을 주지 않는다.

우리에게 걷는 법을 가르쳐 준 것도 그녀였다.

아침의 잔디와 한여름의 모래를 우리의 발바닥에

편하게 맞도록 교정하여 수월히 걷게 한 것도 그녀의 사랑 때문

이었다.

그녀의 손을 붙잡으면 우리는 늘 안전하지만, 놓치는 순간

우리가 숨 쉬는 대기는 신경질을 부리며

토네이도를 몰고 와서 우리를 위협하고 땅에서 말아올려

냉혹하고 숨도 쉴 수 없는 황야에 내동댕이치겠지.

그러나 저기, 저 대기의 들판에서 그녀가 밝게 빛나고 있구나,

마치 별들의 서커스를 지도하는 여선생처럼,

회전목마와 페리스 대회전 관람차도

그녀를 경축하여 찬란하게 빛나고 있네.

우리가 은하계의 축제를 즐기고 있는 것은 모두 그녀 덕분.

여기 이 지상에서 그녀는

우리를 올바르게 걷게 한다. 농담을 즐기는 달처럼

우리의 걸음걸이를 캥거루의 뜀박질로 희화하거나

거대한 행성처럼 견디기 힘든 질량으로

우리를 거칠게 짓눌러 납작하게
뭉개버리지도 않는다. 그녀는 우리 모두를 공정하게 대하며
서로가 서로를 행복하게 해준다. 버드나무는
적당하게 구부러지게 하고 곡예사는 정확하게 착지시키며
쐐기돌은 다리나 대성당을 위한 장소에 박히게 한다.
그리고 우리가 원하는 것을 대부분 취하게 해준다
쇠스랑, 양동이, 건축용 석재, 땔감,
떨어진 과실, 그리고 하늘에서 떨어진 어린아이 즉 우리들까지도.

그녀는 또한 우리를 정직하게 가르친다. 우리의 사지관절이
제멋대로 뒤틀리고 십자로 또는 갈지자로 마구 뻗고자 할 때
방향을 잡아주고 우아함을 부여하는 것 또한 그녀이다.
사물의 핵심을 향한 곧은 정열.
정직에의 갈구는 바로 사물의 존재 기반이므로.
우리의 심장이 위치한 곳에 그녀의 눈이 맞추어져 있다.

보라 이 팔월의 테니스 코트를.
어떻게 인간적 실수를 초월하여 저 빛나는 테니스공들이
마치 사랑에 빠진 자들처럼 그녀의 의지에 경모하며 복종하는
지를.

그녀가 우리에게 지치지 않고 베푼다.

심지어는 무릎과 팔꿈치의 놀림이 온통 서투르고 굼뜬 이조차

도 사랑하여

그의 느려터진 서브를 기하학적 변칙으로 승화시키고

어처구니없이 날아간 공조차도 평화로운 포물선을 그려주어 유

쾌한 볼거리로 만든다.

그녀는 중력이다. 시는 그녀가 하는 일을 낱낱이 밝혀놓으면

서도 과학 교과서를 벗어나 있다. 유머가 있고 통찰이 있다. 시

적 긴장감이 약간 떨어지는 게 단점이지만.

2장

관찰자,
흔들리는
우주를 고정하는 눈

"자아에 형形이 있다고 하는 이는 군자에 지나지 않는다.
자아에는 형形이 없음을 아는 이야말로 자연과 함께 걷는 이다."

莊子

"입 다물고 계산하라!"

Paul Dirac

집에 갈 시간

이즈음은 마치 휴게소 같다. 고속으로 달려온 도로의 어느 구석에 문득 차를 대고 서서 커피 한 잔을 마신다. 졸음도 쫓고 한껏 물오른 초록에 온 정신을 내려놓는다. 그러다가 한순간, 세상이 아련하다. 여기가 어디지? 내가 지금 어디로 가고 있었지? 이런 메아리가 아른댄다. 달리는 일에 몰입한 시간이 40년을 훌쩍 넘긴 것이다. 술자리에서 친구들의 쓸쓸한 목소리가 잦아진다. 슬퍼서는 아니다. 쓸쓸하다. 먹고는 산다. (다 그런 건 아니지만) 내가 무얼 좇아 여기까지 왔는지 혼란스럽다. '의미'라는 단어를 자꾸 입에 올린다. 각자의 방향대로 각자의 깊이를 가지고.

관찰자,
흔들리는
우주를
고정하는 눈

인생의 의미를 뒤적거린다. 배부른 얘기라고 몰아치는 놈도 있지만 한순간 내가 딛고 서 있던 땅이 무너져버린 기분을 당해본 사람에게는 피해갈 수 없는 중요한 문제이다. 술자리의 한구석에 얼추 카뮈가 앉아 있다. 그는 파이프를 지그시 비껴 문 채 말한다. 의미 없는 세상에 대해 끝없이 개기는 것이, 그러니까 형벌 같은 부조리에 대해 굴하지 않는 반항이야말로 우리 생이 가지는 가치라고. 그 옆에 예수도 근엄한 표정으로 앉아 있다. 죄로 점철된 생에서 우리를 구할 수 있는 것은 사랑뿐임을, 그래서 낮은 곳에 머무는 진리가 우리를 자유케 하리라고 말이 아닌 그윽한 눈빛으로 메시지를 보낸다. 옆에 있던 친구놈이 대체 그 사랑이라는 게 뭐냐고 대든다.

옆 탁자에 혼자 술 마시던 장자가 불쑥 끼어든다. 헛소리들 하지 말라며 일갈한 그는 자연과 같이하는 자연스러움이야말로 인간이 가질 수 있는 가장 큰 희열이라 했다. 모두들 그럴듯하지만 귀에 쏙 박히지는 않는다.

당신도 한마디 한다. 인생에 의미라는 것은 없다. 의미란 인간의 손으로 만들어진 부차적인 것이기 때문이다. 인간이 종종 생과 멀어질 때 생존이라는 바닥에서 떨어지지 않도록 붙들고 있는 접착제가 '의미' 이다. 인생이라는 말이 가진 대전제는 생존 그 자체이다.

의미를 가지고 싸우는 일은 의미없는 일일지도 모른다.

모든 자리에는 뒤끝이 있다. 한껏 올랐던 감정이 만나는 내리막길의 끝. 결국 혼자 돌아서는 어둠의 귀퉁이, 그 귀갓길이 어쩌면 서로의 진실일지도 모른다.

의미라는 것은 인생에 있어 선로를 달리는 기관차에 딸린 한 칸 화물량이라 할 수 있다. 그러나 외려 그것이 생존을 위협하는 일 또한 있다. 의미가 눈에 보이지 않을 때 사람들은 종종 생을 놓아버리기도 한다. 만두피의 두께와 넓이를 고려하지 않고 속을 잔뜩 집어넣은 만두가 뜨거운 솥 안에서 터지는 그런 광경이다. 접착제 때문에 무너지는 생이다.

주변은 더욱 어수선해진다. 모든 의미가 잡음으로 변한다. 집에 갈 시간이다. 아니 이 자리에서 일어설 시간이다.

경이로운 냄새

현대과학은 뜻밖에도 생의 의미에 대한 정보를 제공해주기도 한다. 일견 과학과 거리가 멀어 보이는 생의 의미에 대한 단초들은 킁킁거리며 찾으면 과학의 어느 분야에서건 그 실마리를 찾을 수 있지만 양자역학이 쏟아내는 해석들은 특히 놀랍다.

그리고 그것이 뿜는 경이로운 냄새를 맡으려면 우리가 지금까지 믿고 있던 모든 상식과 직관을 갈아엎으라고 다그친다.

양자역학Quantum Mechanics이란 한마디로 아주 작은 것에 관심을 가지고 있는 학문이다. 구체적으로는 원자 규모 이하의 미시적 현상을 설명함으로써 세상의 근원을 탐구하는 물리학이다. 따라서 그 시작은 자꾸 쪼개고 쪼개보는 일이다.

물리적으로 작게 자르는 일은 한계가 있다. 가위로 자를 수 있는 작은 단위를 미시세계라고 부를 수는 없다. 이제 원자 단위까지 내려가야 한다. 이런 미시세계에서 물질을 쪼개는 방법은 다른 원자나 기본입자를 던져서 부수는 것이다. 그 결과 우리는 원자의 종류를 알아냈고 원자들이 어떤 구조를 가지고 있는지도 눈치 챘다. 당연하게도 우리는 더는 쪼갤 수 없는 물질의 근본은 입자의 형태를 가지고 있다고 생각했다. 물질은 그 근원이 작은 알갱이라는 오랜 관점을 바꾸지 않아도 많은 것이 설명되었던 것이다. 그런데 이야기가 진행되면 될수록 점점 이빨이 맞아들지 않았다. 달리 설명해야만 실험 결과와 맞았다.

먼저 이런저런 이야기에 가장 많이 등장하는 주인공인 빛의 행태를 추적해본다. 빛의 이야기는 다른 기본입자의 역사와는 순서가 반대이다. 빛이 파동 *이라는 사실에는 아무도 시비를 걸지 않았다. 파동이 가지는 모든 특징을 완벽하게 보여주고 있었기 때문이다. 반사, 굴절, 회절, 간섭 등등.

그런데 아인슈타인이 실험을 통해 발견한 광전효과 [**] 는 의심할 나위 없이 빛은 하나씩 똑똑 떨어진 입자라고 말하고 있었다. 아인슈타인은 이 빛의 알갱이를 광양자光量子(또는 光子, pho-ton)라고 불렀다. 아무도 의심하지 않았던 파동으로의 빛이 아인슈타인을 만난 이후로 배신한 것이다. 당연하게도 빛이 가진 속성과 성질에 대해서 수많은 논란이 뒤따랐다. 실험의 과정을 다시 검사했지만 결과는 분명 빛은 입자였다. 아주 작은 당구공처럼 움직였다.

그렇다고 그 순간부터 빛은 스스로 파동임을 포기하지도 않았다. 여전히 작은 틈을 지난 빛은 물결처럼 원을 그리며 퍼져 나갔다. 두 개의 파동이 만나면 서로 간섭해 더 큰 물결을 만들거나 상쇄하는 일도 계속되었다. 사람들은 혼란스러웠다. 끝날 것 같지 않은 오랜 논쟁은 빛은 파동이며 또한 입자라는 애매한 말로 봉합되었다.

· 진동하면서 공간에 전파하는 에너지의 한 형태이다. 물결에서 우리가 볼 수 있는 것은 수면을 흔들며 지나는 파동이다. 수면은 파동의 모양을 그대로 본뜨고 있다.
·· 아인슈타인에게 노벨상을 안긴 연구는 상대성이론이 아닌 빛이 가진 입자의 성질을 밝힌 것이었다.

그럼 언제 파동이고 언제 입자인가? 라고 물으면 딱히 대답할 말이 없었다. 결론부터 말하자면 내가 파동으로 보려는 의도를 가지고 관찰하면 파동이고 알갱이로 보려는 실험을 하면 입자였다. 이것이 우리가 얘기하려고 하는 관찰자가 등장하는 장면이다.

한편 이와 관련된 여러 연구에 자극받은 프랑스의 이론물리학자 드브로이는 물질파라는 개념을 주장하기에 이른다. 빛의 알갱이인 광자뿐 아니라 모든 입자는, 그러니까 모든 물질은 파동이라는 말이다. 물질에 의해 파동의 효과가 남는다거나 하는 것이 아니라 물질 자체가 파동이라는 것이다. 그럼 나 자신도 파동이라는 말인가?

그렇다! 그렇다면 선생님들이 눈에 불을 켜고 감시하는 야간 자습 시간에 순간 몸을 파동으로 바꿔 소리도 형체도 없이 교실에서 빠져나갈 수 있다! 높은 벽으로 수인囚人들을 가두고 있는 교도소는 파동이 통과하지 못하는 새로운 벽으로 모두 교체해야 한다. 줄리엣은 로미오를 자신의 방으로 불러들이기 위해 긴 머리카락을 사용해 머리카락이 뜯겨나가는 고통을 감내할 필요도 없다.

그런데 왜 이런 일은 우리 주변에서 잘 일어나지 않을까? 파

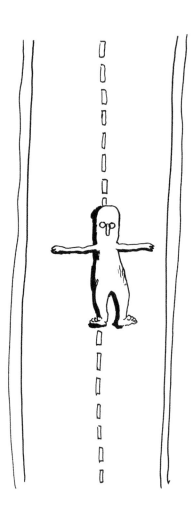

고속도로 곁에 차를 세우고 커피를 마신다.
아니 고속도로에 누워 있는 기분이다.

동이 입자로, 입자가 파동으로 존재의 양식이 바뀌는 일은 원자 단위의 미시세계에서 그 효과가 뚜렷하다. 드브로이의 물질파 공식에 대입해보면 질량이 아주 작은 전자나 다른 기본입자들은 충분히 긴 파동으로 변환되지만 이들에 비하면 어마어마한 질량을 가진 우리는 그 파장이 아주 짧아진다. 답답한 눈으로 교실 너머를 바라보는 당신이나 높기만 한 불 켜진 창을 바라보는 로미오가 가진 파장은 너무 짧아 관측이 불가능하다. 그러나 우리 모두가 파동이라는 사실에는 변함이 없다.

양자

우리는 이제 양자量子, Quantum에 대해 이야기해야 한다. 어느 순간 사랑에 대해 이야기해야 할 때가 있는 것처럼 오늘은 양자가 주인공이다. 위에서 말한 광양자는 빛을 이루고 있는 가장 작은 단위다. 유추해보면 알 수 있다. 양자라고 부르는 것은 더 이상 나눌 수 없는 어떤 것의 가장 작은 덩어리이다.

　원자의 핵을 이루고 있는 양성자와 중성자는 각각 세 개의 쿼크로 이루어져 있다. 이 쿼크들은 자신이 낱개의 쿼크로 돌아다니는 일은 없다. 하지만 하부 구조를 가지고 있는 양성자,

중성자 이 둘은 양자라고 할 수 없다. 구체적으로 원자와 양자의 크기를 비교한다면 어떨까? 원자 하나를 지구 크기로 키워놓는다면 양자가 원자의 크기로 나타난다고 한다. 어쨌든 그래봤자 우리에게는 아주 작은 것들이다.

위에서 양자를 어떤 것의 가장 작은 덩어리라고 했다. 그럼 이 '어떤 것'이 무엇인지 궁금하다. 사실 이 '어떤 것'은 바로 이 우주 안의 '모든 것'이다. 단지 물질뿐만 아니라 이 우주를 이루는 모든 것, 그러니까 에너지*, 공간, 시간까지도 궁극적으로 더 이상 나눌 수 없는 덩어리로 이루어져 있다는 사실이 현대과학이 가는 길에서 캐낸 새로운 진실 중 하나이다. 모든 것의 나뉘지 않는 마지막 알갱이에게 인간들이 붙인 이름이 바로 양자이다.

테드 창의 과학소설 『바빌론의 탑』을 보면 바벨탑의 공사 현장이 생생하게 재현되어 있다. 시작은 이렇다.

만약 그 탑을 시나르(수메르)의 평원에 눕히고 한쪽 끄트머리에

---

* 앞서 얘기했지만 무형의 에너지라는 말은 질량의 다른 형태이기도 하다. 즉 이 단어는 질량까지 포함하고 있다.

서 다른 끄트머리까지 걸어간다면 이틀은 족히 걸릴 것이다. 그러나 탑은 곧추서 있기 때문에 밑동에서 꼭대기까지 올라가려면 짐이 없더라도 한 달 반이나 걸린다. 그러나 빈손으로 탑에 오르는 이는 거의 없으며, 대부분의 사람은 벽돌을 실은 손수레를 끌고 올라가기 때문에 훨씬 더 느리게밖에는 움직이지 못한다. 한 개의 벽돌이 수레에 실린 다음 탑의 일부를 형성하기 위해 수레에서 꺼내질 때까지는 넉 달은 걸리는 것이 보통이었다.

당신은 바벨탑을 향해 사막을 가로지르는 길의 모래언덕 위에 있다. 턱까지 찬 숨을 내려놓기도 전에 전방을 바라보고는 숨이 거의 멎을 뻔한다. 맑은 날 인간이 가질 수 있는 마지막 욕망인, 전방에 하늘을 향한 탑의 꼭대기를 처음 눈 안에 담는다. 실로 장엄하여 절로 엎드려 절을 한다. 하늘을 향한 절일 수 있고 하늘을 향하는 인간에 대한 절이기도 하다. 탑은 위로 올라가면서 조금씩 좁아지는 형태로 하늘을 향해 치솟고 있다. 마치 혼자서 하늘을 받치고 있는 웅장한 기둥 같은 탑의 외벽에는 뱀처럼 휘감고 오르는 선이 있다. 말 그대로 그냥 곡선이었다.

탑은 참 더디게 다가왔다. 바벨탑과 처음 만난 이후에도 꼬박 열흘을 걸어 어마어마한 탑의 공사 현장에 다다른다. 끝없

바벨탑을 휘감고 올라가는 계단은 멀리서 보면 연속적인 선으로 나타난다. 마찬가지로 우리 주변의 일상들 역시 모두 연속적인 흐름으로 보인다. 이런 현상들은 가까이서 보면 하나씩 끊어진 것들의 결합일 뿐으로, 우주는 아날로그보다는 디지털적인 게 그 본질적 속성이다.

이 늘어선 가마에서는 유프라테스 강의 진흙으로 벽돌이 만들어지고 있었다. 불에 구워 만든 이 벽돌들은 피라미드에 쓰인 햇볕에 말린 벽돌과는 비교가 되지 않을 만큼 견고했고 이 벽돌들 사이를 메우는 모르타르로 쓰인 역청은 벽돌과 벽돌을 이승과 저승 사이만큼이나 튼튼하게 이어주고 있었다.

당신은 다시 바벨탑을 올려다보았다. 멀리서 보았을 때 탑을 휘감고 올라가던 선은 다름 아닌 외벽에 만들어진 계단이었다. 벽돌 하나를 기본 단위로 한 칸 한 칸 불연속적으로 이어진 계단이 멀리서 보았을 때 선으로 나타났던 것이다.

우리 주변의 일상들은 모두 연속적인 흐름으로 보인다. 시간의 흐름, 끊어질듯 흐르는 사랑하는 이의 작은 노랫소리, 유려한 곡선으로 하늘의 아랫단을 자르고 있는 산맥의 능선, 위성사진으로 바라보는 해안선, 한밤의 방을 빛으로 가득 채우는 촛불의 울렁거림 등. 연속적인 현상으로 보이는 모든 것에게 가까이, 아주 가까이 다가가면 바빌론의 벽돌처럼 하나씩 끊어진 것들의 합이라는 사실을 알 수 있다. 그리고 그 벽돌이 양자 * 이다.

• 물론 이것은 양자에 대한 비유이다. 벽돌 또한 무수한 하부구조를 가진 거시세계의 물체일 뿐이다.

우리가 컴퓨터를 이용해 보는 영화, 음악, 문서 등 다양한 모습으로 다가오는 프로그램과 정보들의 궁극적인 모습은 0 또는 1, 이 두 개의 양자로 이루어져 있다. 우리는 이것을 디지털이라고 부른다. 디지털이란 것은 간단한 관념적 덩어리의 합을 이용해 효율적으로 세상을 묘사하고 있다. 이렇게 본다면 우주는 양자적 디지털의 세상이다. 이는 근원적으로 자연이 아날로그적이지 않고 디지털적이라는 말이다. 모든 것은 양자가 가지고 있는 몇 안 되는 상태에 따라 결정되고 움직인다. 물론 양자 상태들의 수많은 겹침은 전혀 다른 질적인 현상으로 발현한다. 이런 겹침들의 조화가 우리 눈에 보이는 현실이다. 이런 추측은 단순한 비유라고 볼 수도 있고 실제 그럴 수도 있다.

확률의 구름

이제 위의 두 얘기를 합쳐보면 이렇다. 우주를 이루는 모든 것은 작은 덩어리로 이루어져 있고 그 근본 덩어리는 모두 파동이기도 하다. 물론 파동으로 나타나는 효과는 원자 단위 이하의 미시세계에서 잘 볼 수 있다. 우리가 양자를 이야기하는 계층 또한 이 미시세계이다. 결국 이 세계에서는 입자와 파동, 어느 것으로도 존재할 수 있다.

이제 양자역학 분야의 대표 선수인 슈뢰딩거와 하이젠베르크가 등장한다. 관찰자의 중요성은 이 두 과학자가 만들었다. 아니 일깨웠다.

먼저 슈뢰딩거 방정식에 대한 얘기이다. 오스트리아의 물리학자인 에르빈 슈뢰딩거Erwin Schrödinger는 물질파 이론이 물질의 근원에 대한 연구에 획기적인 전기를 가져올 것이라고 믿었다. 전자와 양성자 등, 입자로 움직이는 것이 동시에 파동이기도 하며 불연속적인 양이라면 파동을 다루는 수식으로 설명이 가능하다는 결론에 이르렀다. 미분방정식의 꼴을 가지고 있는 슈뢰딩거 방정식은 입자들이 어디에 어떤 상태로 존재하는지를 파동을 이용해 설명하는 방정식이다.

결과는 많은 것을 훌륭하게 설명해냈다. 짧은 시간에 양자역학의 대들보로 자리 잡은 이 방정식은 그것이 내놓은 해를 해석하는 데 분분한 의견을 불러왔다. 그러나 방정식을 푼 해는 고전역학처럼 입자의 상태에 대해 명쾌한 답을 주지 않았다. 현재 이 방정식의 해는 전자의 경우 위치별로 전자가 존재할 확률을 말해주고 있다는 해석이 주된 것으로 자리 잡았다.

양자역학이 가진 모호성에 즉각 반발한 이는 아인슈타인이었다. "신은 주사위놀이를 하지 않는다"라는 유명한 말은 양자역학이 보이는 확률에 기댄 모습에 대한 비판이었다. 그러나 결과는 아인슈타인이 틀렸음을 입증했다. 확률로 표현되는 입자들의 상태는 부정확한 관측이나 잘못된 계산의 결과로 나온 애매모호한 답이 아니었다. 자연의 근원이 불확실한 가능성의 모습을 하고 있었기 때문이다. 자연이 가진 이런 모습을 근거로 전자의 위치에 대한 슈뢰딩거 방정식의 해석을 다시 풀어보면 다음과 같다.

전자는 전자가 가질 수 있는 궤도 중 어느 한 군데에 위치하지 않는다. 자신의 입자적 속성을 숨기고 구름처럼 넓게 퍼져 존재하고 있는 것이다. 그리고 각 위치들은 어디에는 몇 퍼센트, 또 다른 위치에는 몇 퍼센트, 이런 식으로 입자로 나타날 확률만을 가지고 있는 넓은 구름으로 여기저기에 함께 존재하고 있다.

붕괴

그럼 이 귀신같은 전자는 언제 입자로 모양을 바꾸고 한곳에서 자신의 모습을 보일까? 이 지점에서 우리의 주제인 '관찰자'가 서서히 개입하기 시작한다. 대답은 바로 우리가 전자를 관측할 때이다. 우리가 볼 때만 입자로 모양을 바꾸고 궤도 중 어느 곳에서 자신의 모습을 드러낸다. 이런 습성을 과학자들은 파동함수가 붕괴한다고 말한다. 즉 모든 곳에 확률이 0이 아닌 상태로 분포하다가 전자가 한 곳에서 모습을 드러내는 순간, 그곳의 존재 확률은 100%가 되면서 다른 곳의 확률은 0으로 사라진다. 파동함수가 없어지는 것이다. 즉 입자인 전자가 한 군데 덩그러니 나타나 나와 눈 맞추고 있는 상태이다.

관찰에 대한 친근한 예는 학생과 엄마이다. 엄마에게 잔소리를 들은 학생은 공부하겠다는 장담과 함께 요란하게 방문을 닫고 자신의 방으로 들어간다. 물론 책상에 앉아 책을 편다. 그러나 다음 순간 창밖에서 아이들이 노는 소리는 아주 유혹적이다. 또 손가락만 움직이면 재미와 자극이 충만할 컴퓨터가 자신을 애타게 바라본다. 꺼버린 핸드폰 또한 불안하다. 푸근한 침대 냄새도 풀풀 날린다. 이유는 알 수 없지만 배가 고파온다. 책상 어디 숨겨둔 과자가 없나 살핀다. 책장의 책들도 재미있어 보인다. 교과서만 아니라면 말이다. 아무 이유 없이 물구나무서기도 해본다. 사타구니도 벅벅 긁어본다. 생글생글 웃는 모습이 예쁜 옆 반 유경이 얼굴도 떠오른다. 아이가 취할 수 있는 상태의 가능성은 작은 방 안에서도 무궁무진하다. 아이는 선택의 기로에 서 있다. 방문을 잠그기로 마음먹는다.

엄마는 내심 궁금하다. 공부하겠다고 들어간 아들놈이 정말 공부를 하고 있는지. 엄마에게 아들은 파동함수이다. 전 지역에 확률이 분포한 파동함수이다. 심지어는 창문으로 방을 탈출해 피시방을 전전하는 모습까지도 확률은 0이 아니다. 엄마는 아이의 방 앞에 가 조용히 귀를 대본다. 소극적 관찰이 시작된 것이다. 공기분자를 흔들어 전달되는 소리에 의존한 관찰이다. 조용하다. 정보가 부족하다. 손잡이를 돌려본다. 잠겨 있다. 조바심 난 엄마는 문을 열라고 소리를 지른다. 적극적인 관찰이 시작된다. 그 순간 아이의 파동함수는 붕괴한다. 100% 책상 앞에 얌전히 앉아 있는 아들을 확인할 것이다. 그러지 않고 몰래 열쇠로 문을 여는 순간에도 파동함수는 붕괴한다. 어쨌든 아이가 무언가 하는 모습을 볼 것이기 때문이다. 다만 책상에 앉아 공부하는 아이로 파동함수가 붕괴할 확률이 아주 작다는 차이가 있을 뿐이다. 이것이 관찰이다. *

---

* 물론 이것도 비유이다. 많은 부분 자연의 속성과 닮아 있지만 이 경우는 관측 전 입자가 확률로만 존재한다는 실제 사실과 약간 다르다. 일반적으로는 엄마는 모르지만 학생은 학생의 모습으로 무엇을 하고 있다는 것에 아무도 의심하지 않는다. 양자적 효과가 거시세계에서 나타나지 않기 때문이다. 아인슈타인이 말한 달의 효과와 같다. 조금 뒤에 나온다.

전자는 전자가 가질 수 있는 궤도 중 어느 한 군데에만 위치하지 않는다. 자신의 입자적 속성을 숨기고 구름처럼 넓게 퍼져 존재한다. 그리고 각 위치는 어디에는 몇 퍼센트, 또다른 위치에는 몇 퍼센트라는 식으로 입자로 나타날 확률만을 가지고 있는 넓은 구름에 비유할 수 있다. 이것이 바로 슈뢰딩거 방정식의 요체다.

조금 지루하리라. 그러나 이 이상 물렁해질 수는 없다. 근본 입자들의 속성이 그렇고 내 능력의 끝도 멀지 않기 때문이다.

관찰자의 속성이 더욱 분명하게 드러나는 곳은 하이젠베르크를 만나는 지점이다. 그 전에 내가 쓴 졸시 하나. 제목은 '슈뢰딩거 방정식'이지만 방정식을 깊이 이해해서 쓴 시라기보다는 양자의 세계를 언뜻 훔쳐보고 느낀 막연한 경이를 표현해보고자 했다.

슈뢰딩거 방정식

지난밤 내 토사물이 실재 냄새를 풍기더라도 내가 여기 있거나 바람이거나 없는 것처럼 여자도 수탐타 마을에 있을 확률이 70이 넘지만 산길 웅덩이이기도 하고 150MB짜리 파일이기도 한 여자는 눈길 닿는 곳 어디에도 그림자가 떠돌아

나는 떠난다 나의 목덜미 할퀴는 성욕 없인 여자는 없고 여자의 그림자들을 수탐타 마을로 모을 수 없고 마을이 애당초 생기지 않을 수도 있다 여자의 딱딱한 오해 없이는 내 가죽 안의 질량도 각자 고향으로 흩어져버린다 소문은 대개 정확했다 길 위에서 나는 세 줄의 물결이기도 하다가 속 터진 작은 짐승의 시체였다가 지나는 사람의 속옷을 아무 흔적 없이 벗기기도 하며 마

을에 도착하자 거기는 폐허뿐이었다 분명 머리카락 길게 자라고 통통하게 살 올랐을 겨드랑이도 신 벗으면 수줍게 오르던 발 냄새도 거긴 없었다 누군가의 관심이 남기는 잔해들만 혹 제자리로 돌아올지 모르는 시간을 기다리고 있었다

여자에 대한 나의 관심도 수많은 모습으로 꿈틀거리는 여자의 그림자들을 증발시키고 그저 죽어 있거나 살아 있을, 돌이킬 수 없는 끝장을 부를 걸 알지만 다시 레부르로 떠났다 내가 다가가면 여자는 붕괴했고 레부르엔 태초부터 혼자였던 無밖에는 없었다 전화가 왔다 내가 서울서 코피 흘리며 쓰러져 있다고 여자가 요동치고 있다고, 여자는 여기도 있고 저기도 있거나 나는 여기서 죽고 동시에 멀리서 내동댕이쳐진다 그래서 시간은 자기가 누군지 모르고 딴 짓만 한다 비웃고 있다

    − 이하, 특별한 출처가 없을 경우 저자의 작품임

이제 하이젠베르크의 불확정성의 원리만 들르면 '나'라는 관찰자와 양자역학이 말하는 인생의 의미에 대해 말할 수 있다. 불확정성의 원리는 의외로 간단하다. 한 입자를 기술하는 두 가지 성질을 동시에 측정할 수 없다는 얘기다. 그러니까 한 입자의 위치와 속도(정확하게는 운동량)를, 또 에너지와 시간을 동시에 알 수 없다는 말이다.

관찰자,
흔들리는
우주를
고정하는 눈

한 입자의 운동량을 측정하려고 달려들면 위치가 뿌옇게 안개 속으로 사라지고 만다. 반대로 위치를 측정하려 하면 운동량의 범위가 넓게 번진다. 우리에게 익숙한 고전역학적 시선으로 보면 전혀 이해가지 않는 일이다. 우리가 중학교 과학시간에 배운바, 당구공의 질량과 속도(이 둘의 곱이 운동량이다)를 알면 우리는 얼마든지 공의 위치를 확인할 수 있다.　*　이런 경험적 믿음이 없다면 당구의 고수들은 당구장에서 모두 사라지고 말 것이다.

그러나 우주를 이루는 기본적인 벽돌들의 세계는 근본적으로 두 상태를 정확하게 알려주지 않는 것이 속성이다. 왜 그럴까?

확실하고 간단한 답은 역시 물질이 동시에 가지고 있는 입자의 성질과 파동의 성질, 그 이중성 때문이다. 그러나 '관측'이 무엇이며 관측이라는 행위가 가진 속성에 대해 논의해야만 이 메커니즘을 이해할 수 있다. 먼저 양자역학에 대한 코펜하겐 해석을 짧게 인용해본다.

---

* 이것도 사실은 근사적인 결과이다. 여러 종류의 마찰이나 회전 등 수많은 변수가 있어 정확한 위치를 구한다는 것은 불가능하다. 이것도 미세하게나마 영향을 미치는 양자적 효과의 결과라 할 수 있다.

모든 물리량은 관측 가능할 때만 의미를 가진다. 물리적 대상이 가지는 물리량은 관측과 관계없이 독립적으로 존재하는 객관적인 값이 아니라 관측 행위에 영향을 받는 값이다. 다시 말해, 물리량은 측정하기 전에는 존재하지 않고 물리량과 측정하는 행위는 분리할 수 없으며, 측정하는 행위에 따라 물리량은 달라질 수 있다.

이 말의 핵심은 관측 대상에 아무 영향을 주지 않는 관측은 없다는 말이다. 즉 관측은 무조건 대상에 영향을 주기 때문에 관측이라는 행위는 관찰자와 대상을 떼어놓고 말할 수 없다는 결론이다. 어찌 보면 당연한 말 같기도 하고 달리 생각하면 굉장히 이상한 말이다.

시선의 즐거움

뛰어난 능력과 끈기를 가진 과학자로서 당신은 호수의 온도가 수중생태계에 미치는 영향에 대해 연구했다. 각고의 노력 끝에 인간 세상과 격리된 호수 하나를 발견하고 여기저기에 수중카

메라와 온도계를 설치했다. 지난한 기다림과 관찰 그리고 칼끝 같은 분석으로 논문을 발표하였고 학계에서는 좋은 평가가 쏟아졌다. 거기에 그치지 않고 곧 외국의 유수한 학술지에도 논문이 실릴 예정이었다. 그러던 어느 날 당신에게 좋지 않은 감정을 가지고 있던 경쟁자가 이의를 제기하고 나섰다.

내용인즉 논문을 구성하는 기본 데이터 중에 호수물의 온도를 측정한 값들을 신뢰할 수 없다는 주장이었다. 물의 온도를 측정하기 위해 설치한 많은 온도계와 다른 장비들에 의해 미미하지만 물의 온도가 변했다는 사실을 근거로 논문을 반박한 것이다. 황당한 당신은 벌어진 입을 다물 수 없었다. 이런 상황에서 당신은 논문을 철회해야 하는가?

경쟁자의 말은 원리적으로는 맞다. 그러나 현실적으로 전체 호수에 담긴 물의 양과 예측할 수 있는 온도 변화의 양은 비교할 만한 것이 아니다. 따라서 장비에 의한 미미한 온도 변화는 일반적으로 무시한다. 이번에는 컵에 담긴 물의 온도를 측정하기 위해 첨벙, 온도계를 담가보자. 이 정도라면 온도계에 의해 눈에 띌 만한 온도 변화가 생긴다. 당신이 측정한 온도는 물의 온도와 온도계가 가진 온도가 서로 열을 주고받은 후 평형상태에 이르렀을 때의 온도이다. 당신이 알고 싶어하던 물만의 온도는 아니다. 측정하려는 행동이 대상을 변화시켰다.

일상생활에서 우리는 '따가운 시선'이라는 말을 많이 쓴다. 이 말은 그저 바라보는 시선만으로도 다른 사람의 체온을 변화시킨다거나 피부에 분포하는 통점들을 자극할 수 있다는 해석이 가능하다. 이에 따르면 짧은 치마로 멋진 각선미를 자랑하고 다니는 이들은 관찰이 가지는 양자역학적 현상을 충분히 이해하고 있으며 물리학자들보다 실질적으로 자연의 원리를 즐기는 사람들이다.

이번에는 관찰의 매개에 대한 문제이다. 우리가 관찰한다고 했을 때는 반드시 관찰을 가능하게 하는 매개가 있다. 눈으로 관찰할 때에 매개는 빛이다. 아름다운 다리에 부딪힌 광자들(빛)은 많은 부분 다리에 흡수되고 흡수되지 못한 나머지는 반사된다. 반사된 광자들은 다리에 관한 많은 정보를 가지고 우리 눈 안에 있는 망막의 시세포를 자극해 관찰의 결과를 만든다. * 인간이 행하는 모든 관측은 이런 매개를 통해 이루어진다. 우리가 생활하는 거시적 일상에서는 그저 정보를 전달해주고 관측

* 이 자극은 우리 몸 안에서 전기적 신호로 바뀌고 이 신호를 뇌에서 해석하려 든다. 물론 이 과정은 제외하고 이야기한다.

대상에는 아무런 영향을 주지 않는다고 생각하는 이 매개체가 미시세계에 들어가면 관찰 대상을 흔들어놓는다.

당신은 전자電子, electron의 위치를 알고 싶다. 방법은 오로지 전자가 있는 곳에 빛을 던지는 것뿐이다. 빛은 날아가 전자와 충돌한다. 그리고 돌아와 당신에게 전자의 위치를 말한다. 그러나 전자는 광자와의 충돌로 운동량이 변해버렸다. 조금 전의 위치 정보를 얻을 수는 있지만 그가 가진 운동량은 이미 달라져 있다. 알 수가 없다. 보려는 시도가 대상을 변화시키는 일이다. 바로 이런 것이 근원적인 관측의 문제이다. 미시세계는 이런 불확정성의 원리가 지배하고 있다.

부부싸움 또한 정보의 싸움이다. 남편은 부인이 문을 걸어닫은 채 안방에서 무슨 생각을 하고 있으며 어떤 행동을 준비하고 있는지 알아야 닥칠 상황에 대처할 수 있다. 부인은 정체불명의 카드청구서에 대해 입을 닫아버린 남편의 아킬레스건을 찾는다. 자백을 받아야 한다. 그러나 이미 직접적인 대화는 불가능한 상황이다. 이때 네 살 먹은 아들이 관찰의 매개로 등장한다. 아빠는 아들에게 안방에 가서 엄마가 뭘 하고 있는지 알아오라고 은밀히 지시한다. 적극적인 관찰의 행위가 시작된다. 씩씩거리며 전화로 친구에게 신세 한탄을 하고 있던 엄마는 아들이 방문을 여는 기척이 들리자 긴박하게 반응한다. 서둘러 전화를 끊고 이불을 머리끝까지 끌어올리며 끙끙 앓는 소리를 흘린다. 중간중간 흐느끼는 소리도 섞여 있다. 순진한 아들은 본 대로 아빠에게 전달했지만 아들의 방문에 의해 엄마의 상태는 변한 후이다. 객관적 관찰은 없다. 모든 관찰에는 관찰자의 의도가 개입되고 관찰에 의해 대상은 변화하게 되어 있다. 이것이 우리가 사는 우주의 원리이다.

이상한 나라의 전자

관찰자의 의도가 어떻게 결과에 개입하는지를 알려주는 유명한 실험이 있다. 이중슬릿double slit 실험이다. 슬릿이란 아주 작은 틈이다. 파동은 이 틈을 지나면서 뒤쪽으로 원을 그리며 번져가는 물결 모양을 만든다. 이것을 회절이라고 한다. 이 회절은 오직 파동만이 가진 트레이드마크이다. 이중슬릿은 작은 틈두 개를 아주 가까이 붙여놓은 것이다. 당연하게도 두 틈을 중심으로 두 개의 원형 물결이 만들어진다. 이제 두 개의 물결은 곳곳에서 부딪친다. 그렇게 파동의 정상끼리 만나면 두 개의 합만큼 파동은 높아지고 정상과 골이 만나는 곳에서는 서로 상

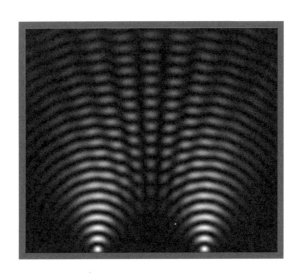

객관적 관찰이란 없다. 모든 관찰은 관찰자의 의도에 따라 그 결과가 달라진다. 이처럼 관찰자의 개입을 극명히 보여주는 것이 이중슬릿 실험이다.

쇄되어 파동이 없어진다. 이것은 간섭이라고 부른다.

이제 이중슬릿의 뒤에 흰 종이를 가져다놓으면 두 파동이 만든 간섭으로 수직의 줄무늬가 생긴다. 밝은 줄과 어두운 줄이 번갈아 등장하는 이 패턴은 슬릿을 통과한 무엇인가가 파동임을 확인해주는 무늬이다.

실험은 전자를 이용한다. 이중슬릿을 향해 전자총*을 조준한다. 알다시피 전자는 입자이며 파동이다. 이중슬릿 장치는 파동을 확인하는 장치다. 이 장치를 설치하는 행동은 파동을 확인하겠다는 굳은 의지이기도 하다. '전자! 네가 가지고 있는 파동의 성질을 보여봐!' 라고 말하는 것과 비슷하다. 이제 전자를 여러 개(이 단위는 분명히 입자를 세는 단위다. 당연히 개수를 세면서 쏠 수도 있다) 쏜다. 이중슬릿을 통과한 전자들은 실험자가 건넨 말을 알아들었다는 듯 선명한 간섭무늬를 만든다.**

양자역학의 부당함을 증명하고 싶은 당신은 추측한다. '간섭무늬가 나타나는 이유는 전자 여러 개를 함께 쐈기 때문에 서

---

* 전자를 쏘는 장치다. 브라운관 TV의 뒤쪽이나 형광등에도 달려 있다.
** 슬릿 뒤편에 스크린을 설치하는 일은 다시 전자를 입자로 보겠다는 말이기도 하다. 스크린에서 전자는 한곳에 부딪힌 점으로 모습을 드러낸다. 간섭무늬는 이 점들의 분포로 나타난다.

로 다른 전자들이 상호작용해 만들어진 것일 수 있다. 그렇다면 이제 전자를 하나씩 쏴도 간섭무늬가 나타날까? 실험자는 전자 하나는 분명히 두 개의 슬릿 중 한 곳으로만 통과할 것이라고 생각했다. 그래서 전자를 하나씩, 시간 간격을 두고 쏘기 시작한다. 하나를 쏘고 한참을 기다렸다가 또 하나 쏘고 이런 식으로 실험을 진행한다. 이제 전자들끼리 상호작용 할 리는 없다. 그러나 끈질긴 인내심으로 실험을 끝냈을 때 스크린에 나타난 그림은 여지없는 간섭무늬였다. 이 상황을 어떻게 설명해야 할까?

리처드 파인만의 설명을 들어본다.

한 입자는 목적지에 도착하기까지 입자가 갈 수 있는 모든 경로를 한꺼번에 통과한다.

다시 말하면 입자로 출발한 전자가 통과할 수 있는 길은 슬릿이 가진 두 개의 틈이다. 따라서 이 두 개의 틈을 모두 통과한 전자는 슬릿 뒤에서 스스로 간섭을 일으키고 보강간섭으로 파동이 강화된 곳 중 하나를 선택하여(확률이 높은 곳) 스크린에 부딪힌다.

'입자 하나가 여러 개로 나뉘어 지날 수 있는 모든 경로를 통과한다고? 도대체 이것이 현대의 과학이라고? 수천 개의 길이 있으면 입자 하나가 수천 개로 나뉘어 모든 길을 통과한다는 말인가?' 당신은 의아해하지만 이 말도 안 되는 상황은 사실이다. 아니 실험 결과를 그렇게밖에 설명할 도리가 없다. '그럼 손오공이 머리카락을 뽑아 사용하는 분신술은 양자역학에서 나타나는 현상들을 현실세계에 적용한 도술이란 말인가?' 당신은 수긍하지 못한다. 그래서 회심의 마지막 실험을 감행한다.

이중슬릿 장치의 한쪽에 보초를 세우기로 한 것이다. 분명히 입자가 한쪽으로 통과할 것이라는 믿음을 증명하고 싶었다. 슬릿의 한쪽에 전자를 확인할 수 있는 관측 장비를 설치했다. 그리고 다시 전자를 하나씩 쏘았다. 결과를 확인하고 당신은 환호하지만 곧 절망에 빠진다.

검출기를 설치한 쪽에서 전자는 모습을 드러냈다. 전자는 확실히 검출기를 설치한 슬릿을 통해 입자의 몸으로 지나고 있었다. 그러나 매번 그쪽으로만 지나는 것이다. 그리고 검출기를 설치한 후로는 간섭무늬가 거짓말처럼 사라져버렸다. 전자는 절망한 듯 아무 패턴 없이 스크린에 부딪혔다. 이번에는 반대편 슬릿에 검출기를 설치했다. 그러자 전자는 역시 검출기가 있는 쪽으로만 지났다. 역시 스크린은 아무 패턴을 가지고 있지 않았다. 언뜻 당신의 의도에 따라 결과를 보여주던 전자는 전혀 예상치 못한 다른 행동으로 당신을 혼란에 빠뜨렸다. 당신은 아마 양자역학을 포기하려들 수도 있다.

사실 우리는 답을 알고 있었다. 위에서 얘기했던 관측이라는 덫이 작용한 것이다. 두 개의 슬릿을 파동으로 통과해 여유 있게 간섭을 준비하던 전자는 중간에 관찰자(장비)를 만난다. 이러한 관측은 파동함수를 붕괴시킨다. 즉 그 자리에서 관찰자는 입자의 모습을 요구하기 때문이다. 모든 경로에 퍼져 있던 파동함수는 순식간에 사라지고 전자는 관찰자 앞에서 바로 입자로 몸을 바꾼다. 그 때문에 다른 슬릿으로는 아무것도 통과하지 않고 간섭무늬도 사라진 것이다. 모든 일은 실제로 일어나고 있는 사실이다.

관찰은 대화이다

멀리까지 왔다. 이상한 나라보다 더 이상한 이야기들을 딱딱한 말로 지나왔으니 길은 더 멀게 느껴진다. 게다가 이런 황당한 이야기들이 실제로 일어나고 있다. 한번 정리해본다.

모든 물질은 입자이자 파동이다. 입자들을 파동으로 설명하고 있는 것이 슈뢰딩거 방정식이다. 그리고 관측이라는 행위는

당신의 관심은 달을 저기 밤하늘에 붙들어 놓는다. 나무 그늘에 앉아
쉬는 당신을 당신이게 하는 것은 또 다른 누군가의 시선이다.

확률적으로 넓게 분포하는 파동을 입자로 모습을 바꾸어놓는다. 다른 말로 파동함수를 붕괴시킨다. 즉 관측은 관측하려는 대상과 영향을 주고받을 수밖에 없다. 복습은 좋은 학습법이다.

모든 물리량은 관측 가능할 때만 의미를 가진다. 물리적 대상이 가지는 물리량은 관측과 관계없이 독립적으로 존재하는 객관적인 값이 아니라 관측 행위에 영향을 받는 값이다. 다시 말해 물리량은 측정하기 전에는 존재하지 않고 물리량과 측정하는 행위는 분리할 수 없으며, 측정하는 행위에 따라 물리량은 달라질 수 있다.

양자역학의 여러 방법과 결과들에 대해 회의적이었던 아인슈타인은 다시 묻는다.

"우리가 바라보지 않으면 저 달이 존재하지 않는가?"

물론 존재한다. 거시세계에서 양자역학적 효과를 확인하는 것은 매우 어려운 일이다. 그러나 우리가 바라보지 않을 때 달은 존재하지 않는다. '모든 우리'가 바라보지 않는다면 말이다. '모든 우리'에는 지구에 사는 이성을 가진 우리들과 지구와 중력을 통해 갖는 상호작용, 태양으로부터 쏟아지는 엄청난 우주선宇宙線들, 그 외의 천체들과 나누는 상호작용이 모두 포함된다. 거시적 대상인 달도 관측이라 부를 수 있는 모든 상호작용이 사라진다면 단지 파동함수로 존재할 뿐이다.

관측이라는 행위는 대상과 대화하는 일이다. 대화라는 것은 영향을 주고받는다는 것을 전제로 한다. 어떤 방법으로도 대상에 영향을 주지 않는 객관적 관찰은 없다. 내가 그를 보려고 마음먹는 순간부터, 아니 그 이전부터 대상과 나는 연결된다. 따라서 관측 행위와 그 결과는 둘의 상호작용이다.

이제 양자역학적 관찰자가 가지는 효과와 함께 다시 인생의 의미를 따지던 처음으로 돌아가본다. 물론 거시세계에서 양자역학적 효과는 미미해지지만 우리는 서로를 관찰하고 있다. 서로에게 관심을 가지고 소통하고 있다. 이것이 인간이 살아가는 일이다.

서로에 대한 관찰은 양자역학적으로 말하자면 파동함수로 넓게 분포하는 일을 막는다. 전 우주에 퍼져 있는 무한한 환상의 바다에서 형체를 가진 무엇으로, 현실로 건져 올리는 낚시와 같다고 볼 수 있다. 관찰은 가능성만을 지닌 존재를 현실 안에서 피와 온기가 흐르는 존재로 만드는 과정이라고도 할 수 있다.

이런 관찰의 결과는 사랑하는 사람을 내 앞에 있게 만든다.

물론 이 관찰의 과정에는 매개가 있고 우리는 그것으로 대화한다. 이것이 우리가 가족을 이루고 사회 안에서 인간으로 살아가는 의미 아닐까?

"서로를 관찰해서 서로를 존재하게 하는 일" 말이다. 인간에게 서로가 서로를 존재하게 하는 일보다 더 큰 의미가 있을까? 같은 맥락에서 우주가 가진 존재의 이유까지도 이야기하고 있다. "우주는 어떤 이성理性에 의해 관찰당하기 위해 존재한다." 마치 종교적 발언 같은 이 말은 끈이론*을 연구하는 물리학자의 입에서 나온 말이다. 우주 또한 이성으로부터 관찰되어질 때 존재한다는 과학자들의 생각을 우리는 좀더 고민해볼 필요가 있다.

이제 좀 비약한다. 관찰을 통해 당신은 세상을 창조하는 이다. 혹여 시비를 걸어오면 창조까지는 아니어도 수많은 가능성에서 당신이 선택하는 우주를 만들어나가는 선택자의 지위까지는 확실하다. 이것도 내가 말하는 개똥철학이 아니고 '다중우주 이론'이라는 정식 이론이다. 다중우주 이론은 우리가 살

---

* 상대성이론과 양자역학을 통합해 우주의 궁극을 밝히려는 첨단 이론 중 하나이다. 끈이론은 모든 기본입자들을 진동하는 끈이라고 상정하고 물리적 현상을 설명한다.

고 있는 우주를 포함하여 여러 개의 우주가 동시에 존재한다고 주장하는 이론이다. 그 수많은 우주는 우리 우주 바깥에 독립적으로 존재할 수 있고 우리의 바로 코앞 1cm 거리에 있을 수도 있다. 만약 다른 우주에 존재하는 힘의 종류가 우리의 그것과 완전히 다르다면 가능한 얘기다.

다른 우주를 구성하고 있는 힘들이 우리 우주에서 작용하는 네 가지 힘(강력, 약력, 중력, 전자기력)과 완전히 다르다면 두 우주 사이에는 어떤 상호작용도 없을 것이다. 상호작용이 없다는 말은 서로를 알아볼 수도 서로를 느낄 수도 없다는 말이다. 결국 공간의 구조와 물질의 작용 방식이 다르기 때문에 서로 겹쳐 있다 해도 서로의 허공을 떠도는 유령과 같다. 같이 있어도 없는 것이다.

수많은 우주에 똑같은 '나'들이 살고 있을 수도 있다. 그들은 매순간 선택해야 하고 그 선택에 따라 수많은 우주로 다시 나뉘고 있다고 볼 수 있다. 사랑하는 사람이 당신의 사랑을 받아들이는 우주도 분명히 존재할 것이다.

우주에 대한 이해가 깊어질수록 우주는 더욱 무의미한 존재가 되어가는 것 같다. 그러나 우주를 이해하려고 노력하는 것은 삶의 수준을 높일 수 있는 몇 안 되는 행위들 중 하나이다. 이러한

'우리가 바라보지 않으면 저 달이 존재하지 않는가?' 거시적 대상인 달도 관측이라 부를 만한 상호작용이 모두
사라진다면 단지 파동함수로만 존재할 뿐이다.

일련의 노력은 우리에게 비극적 우아함을 안겨준다.

　이 말은 우주를 이해하려고 노력하는 어떤 예술가의 말처럼 들린다. 이 예술가의 시선을 가진 이는『태초의 3분』을 쓴 유명한 물리학자인 스티브 와인버그이다. 이 발언은 우주의 의미에 대해 논하는 어설픈 식자들에 대한 조롱으로까지 들린다. 스티브 와인버그의 인식은 무의미에서 비극으로 바뀌고 있다. 이 비극은 인간이 가진 덜 익은 가치판단을 건너는 과정일지도 모른다.

　우리는 가능한 한 많은 자연적 대상과 사람들에게 관심을 가지고 관찰해야 한다. 여기에는 이성이 필요하고 관찰이 중요하다는 인식 또한 필요하다. 우리의 관찰은 그들을 존재하게 만든다. 그들의 관찰은 역시 우리를 여기 있게 한다. 가능한 한 서로에게 많이 노출되고 인식하는 일이 우리가 존재할 수 있는 당위이기 때문이다.

3장

상수,
가장 맛있는
국물을 만드는 레시피

"국이 왜 이렇게 짜?"

마눌님

변하는 것들의 기준이 되는 변하지 않는 것

성하盛夏, 신록이 지천地天에 거품처럼 들끓는다. 초록이 혁명을
완성해가는 6월, 자귀꽃이 핀다. 자귀나무는 미모사와 비슷한
잎을 가졌지만 나무가 훨씬 크며 자극적인 꽃을 피운다. 흐드
러진 욕망은 잔털을 너울거리며 분홍의 염정을 내뿜는다.

　자귀나무와 소나무 그리고 장미, 이렇게 다른 식물들이 나름
의 욕망을 표현하고 있지만 이들이 사용하는 재료는 모두 같
다. 물, 흙 속의 영양분 그리고 태양광에너지가 그것이다. 이들
이 서로 다른 모습으로 생장해나가는, 자신만의 패턴을 결정하
는 방법은 어떤 비율로 자기증식을 하느냐 하는, 그러니까 어
떤 상수常數, Constant를 선택하는지의 문제이다.

정삼각형 하나를 그린다. 한 변을 셋으로 나누는 점 두 개를 찍는다. 가운데 부분을 위로 꺾어 아랫변이 없는 정삼각형 모양을 만든다. 그러면 꼭지가 여섯 개인 별 모양이 만들어진다. 각각의 변을 다시 셋으로 나누고 위의 과정을 반복한다. 점점 작은 돌기들이 생긴다. 그런데 어딘지 모르게 눈에 익숙한 모양이 만들어진다. 우리가 사진으로 보았던 눈송이의 미세구조와 많이 닮아 있다. 이 모양은 아주 간단한 분수의 비율로 꺾기를 반복한 결과물로 코흐라는 사람이 디자인했다.

이것이 프랙탈이다. 프랙탈은 이렇게 간단한 분수의 비율로 변화를 주어 무한히 반복하여 만들어진다. 그 결과는 작은 부분과 큰 부분의 모양이 유사한 형태로 증식하며 예측하기 어려운 모양을 만든다. 프랙탈이 중요한 이유는 자연이 이런 방식으로 자신을 표현하고 있기 때문이다. 이 방법은 우리가 흔히 보는 해안선의 모양이나 산의 형태, 식물들이 가진 패턴을 거의 정확하게 모사해내고 있다. 식탁에서 만나는 브로콜리를 유심히 보면서도 우리는 프랙탈을 떠올릴 수 있다.

생물의 유전자에는 생장의 과정에서 어떤 비율로 꺾음을 반복할지 종마다 다르게 결정된 숫자에 대한 정보가 있다. 결국 한 종과 다른 종의 차이는 스스로 선택한 상수의 차이이기도 하다.

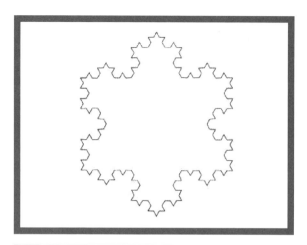

프랙탈.

상수란 말 그대로 고정된 하나의 수이다. 움직이지 않고 정해진 수, 그 이상도 이하도 아니다. 이는 수학적으로나 물리적으로도 겉으로 보기에 같다. 1일 수도 있고 10^{36} • 도 마찬가지다. 수학적으로는 '임의의 상수'(아마도 수학시간을 떠올리면 낯설지 않을 것이다. 다만 갑자기 기분이 나빠지더라도 내 탓은 아니다)라는 말로 어떤 수라도 사용할 수 있다.

상수의 예로 우리에게 아주 익숙한 수 하나와 만난다. π, 파이라고 읽는 이 수는 시장통에서 만나는 고향 아줌마처럼 아주 익숙하다. 하지만 익숙한 게 전부다. 얼마 전까지만 해도 동네에서 나이가 있는 여성들은 출생지에 댁이라는 호칭을 붙여 불렀다. 해남댁, 포천댁, 뭐 이런 식이다. 이는 한 성인 여자가 가진 수많은 속성을 출생지로 축약하여 부르는 방식이다. 많은 부분 의미를 가지지만 또 수많은 오류를 범하는 일이기도 하다.

일단 해남댁이라 불리는 여자와 이야기할 일이 있을 때에는 남도에서 들을 수 있는 강한 전라도 사투리와 함께 그들이 구

• 1,000,000,000,000,000,000,000,000,000,000,000,000이다. 1에 0을 36개 붙인, 말 그대로 어마어마하게 큰 수이다. 이렇게 늘여 쓴 것은 얼마나 큰 수인지 스스로 한 번 더 일깨우기 위해서이다. 그러나 이것도 그저 하나의 수일 뿐이다.

사하는 특유의 은유를 맛볼 확률이 높다. 그리고 해남댁의 집에서 밥 먹을 일이 생긴다면 푹 삭인 홍어나 짭짤하면서 웅숭 깊은 젓갈, 구수한 김을 기대하면서 파블로프의 개처럼 입 안에 침을 담는다. 호칭 하나가 많은 정보를 준다. 그러나 해남댁이 아이를 방목하는지 또는 때려가면서 엄하게 키우는지, 정치적으로 진보인지 보수인지, 또 남편과는 자유분방한 연애로 결혼에 이르렀는지 혹은 중매로 얼굴도 모른 채 3일 만에 합방했는지에 대한 정보는 얻을 수 없다. 당신이 과거를 꿰뚫어보는 특별한 능력의 소유자라면 그들의 과거를 줄줄이 꿰고 있다고 믿을 수 있겠지만 π에 대해서는 역시 미지수이다.

π를 물으면 많은 사람이 원주율 또는 3.14라는 기계적인 대답을 내놓는다. 포천댁이라는 호칭을 듣고는 막걸리를 떠올리는 나와 비슷하다. 하나의 원이 있다. 그 원을 바라보면서 원둘레의 길이가 원지름보다 몇 배나 긴지 의문을 가지고 열심히 재본 사람이 있었다. 그는 원의 지름이 10cm이건 태양만 한 크기이건 동그랗게 원을 그리면 둘레가 지름에 비해 대략 3.14배 길다는 사실을 수많은 측정을 통해 공표했다. 그리고 그 수를 π라고 이름 지었다. 그런데 이 수는 이상하게 딱 떨어지는 수가 아니라 끝없이 이어지는 무리수이다. 원둘레가 지름의 길이에

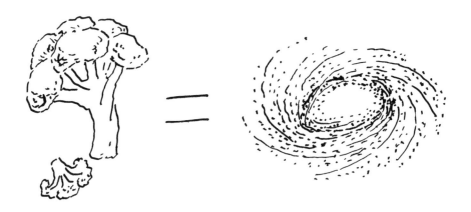

당연하게도 이 둘은 같은 원리로 만들어 졌다.

대해 정확하게 세 배이면 얼마나 좋을까? 그러면 $\pi=3$, 이렇게 명쾌하다면 수학시간이 훨씬 즐거울 수도 있었으리라. 슈퍼컴 퓨터로 아무리 계산을 해봐도 3.141592…… 이런 식으로 끝없 이 나아갔다. 그러나 배율이 정확하게 떨어지지 않고 아무런 규칙 없이 끝없이 요동치며 진행하더라도 π는 하나의 수이다. 분수로 나타낼 수 없는 무리수이며 어떠한 방정식의 근이 되지 않아 초월수라는 이름을 얻었지만, 우리가 사용하는 수 체계에 제대로 적응하지 못해 끝없이 불규칙한 나열을 가진 하나의 수 이상은 아니다.

이때 잠자리에 누운 딸아이가 초점 없는 눈으로 천정을 바라 보다가 뜬금없이 던지는 한마디!

"아빠, 파이라는 수는 정말 끝없이 이어져? 끝까지 계산해본 사람이 없잖아. 그 사람이 계산하다가 지쳐서 그만두었는데 바 로 그다음 자리에서 끝날 수도 있잖아."

말문이 막힌다. 이런 논리에는 슈퍼컴퓨터가 계산한 어마어 마한 π의 뒤꼬리 자릿수를 들이밀어도 아무런 힘을 발휘하지 못한다. 무한이 아닌 이상 항상 존재하는 바로 그다음 자리!

이 이야기는 '인간은 과연 무슨 근거로 무한無限이라는 것을 정의하였는가?'라는 물음이다. 무한까지 가본 이는 없다. 그렇다면 인간이 측정할 수 없는 것, 인간이 가보지 못한 곳, 인간이 알 수 없는 미지의 영역, 이런 것들을 싸그리 몰아 덮어놓은 양탄자 아래를 무한이라고 부르는 것 아닌가? 인간은 미루어 짐작하지만 확인할 수 없는 것들을 무한이라고 부르는 것은 아닌가? 사랑은? 삶은? 죽음은? 중심은?

수학에서는 무한대와 무한소 등의 개념을 다루기 위해 극한이라는 개념으로 무한의 세계를 다루고 있다. 무한의 두 배는 무한이다. 무한의 절반도 무한이며 무한과 무한을 곱해도 무한이다. 그러나 극한치는 충분히 계산하고 있다. 한 축으로는 무한히 발산하지만 결국 어느 한 축의 어느 지점으로 영원히 가까워지기만 하는 극한치. 영원히 0으로 수렴하지만 영원히 0은 아닌 무엇, 무한의 다른 얼굴.

사실 무한은 미궁에 대한 유추이다. 그러나 우리는 유한한 것에서 무한한 것을 느낄 수 있다. 이것은 유추가 아니라 경험이다. 인간이 가본 마지막 발자국! 바로 그다음 자리. 우리의 어머니가 늦은 밤 대문을 나서는 장가간 아들의 뒤통수에 살짝 얹어놓는 조심해 돌아가라는 말, 그리고 차마 하지 못하는 그다음 말. 무슨 이유에서인지 서로에게서 마지막 체온을 떼어놓는 연인의 손 둘, 그리고 영원히 식지 않을지도 모르는 그다음 온도.

한 축으로는 무한히 발산하는 것의 또다른 얼굴은 영원히 0으로 수렴하는 그것이다. 영원히 0은 될 수 없지만 극한까지 다가가려는 것.

π=1이라고 정의하는 전혀 다른 수 체계를 가진 외계인이 있다면 아마도 우리가 사용하는 정수들이 무한히 긴 꼬리를 가진 수로 변할 수도 있다. 이제 π를 긴꼬리댁이라 부른다. 긴꼬리댁에게서 맡을 수 있는 냄새는 원과 관련된 무엇이다. 그래서 수학이건 과학이건 원이 들어간 모든 음식에서는 π라 불리는 긴꼬리댁을 만나게 된다. 많은 쓰임을 가진 하나의 상수이자 과학이 만드는 요리에 없어서는 안 될 양념에 관한 얘기였다.

과학이라는 가문에서 하나의 상수를 정하는 데는 수많은 관찰과 실험, 계산이 필요하다. 그만큼 중요한 의미를 담고 있기 때문이다. 그것은 바로 자연이 품고 있는 비밀스러운 기울기를 말하고 있다.

초등학교 수학이다. 가장 간단한 수식 $y=ax$. 이 식에서 a가 1일 때 $y=x$이므로, x가 1이면 y도 1이다. a가 다른 값을 가지면 x의 값이 정해지는 대로 y의 값도 일정하게 변한다. 이것을 좌표에 그림으로 그리면 원점을 지나는 막대기 하나로 나타난다. 여기서 a는 이 막대기가 얼마나 누워 있나, 를 말한다. 막대기의 기울기가 급하게 서 있다면 a는 좀 큰 수일 것이고 반대로 막대기가 많이 누워 있으면 a는 작은 수이다. 그러니까 이 a라는 상수는 기울기를 말한다.* 지금부터 등장하는 몇 개의 상수

또한 이 기울기 이상의 의미는 없다. 다만 무엇이 기울어져 있
는지, 그것이 다를 뿐이다.

인생의 상수

인생의 기울기는 그 인생의 주인이 정한다. 항상 어떤 수를 선택하는 것이다. 높은 곳을 향해 가파른 벽을 직접 타고 오르는 이도 있다. 또 흐느적흐느적 주변의 풀들과 나무와 놀아가며 느슨한 길을 걷는 이도 있다. 아예 오르는 일과 친하지 않아 물가를 서성이는 이도 있다. 어떤 이는 어디든 자꾸자꾸 내려가려 한다. 그러나 그 무엇도 다 인생이다.

　사실 인생의 상수를 결정하는 데 있어서 생의 주인이 지니는 영향력이 얼마나 되는지는 생각할 거리가 많다. 나처럼 게으른 사람은 유전자 탓을 하기도 한다. 많은 성향이 유전자의 발현으로 나타나는 것 또한 사실이니까.(부디 부모님이 이 글을 읽고

· 상수가 꼭 직선의 기울기만을 말하지는 않는다. 원이나 포물선 등에서도 각각 다른 의미를 지니고 있다. 직선의 기울기를 대표로 뽑은 것은 상징적 의미에서다.

노하시지 않기를.) 어떤 이는 불우한 환경을 각고의 노력으로 극복하고 원하는 바를 이루기도 한다.(사실 이 경우도 유전자 덕을 봤다고 우길 여지는 충분하다.) 천성이라는 말 자체가 하늘이 내린 성질이라는 말 아닌가? 반복해보면 옆집 유리창을 깬 야구공이 내 손에서 출발했을지언정 진정한 원인은 내가 아니라는 말이기도 하다.

또한 인간이 만든 역사에 짓눌려 스스로 인생의 상수를 선택하지 못한 경우도 많이 있다. 굴곡진 역사를 가진 우리 조상들을 보면 이 경우를 이해할 수 있다. 안중근 의사나 유관순 열사, 전태일 열사가 개인적인 행복이 주는 달콤함을 몰라서 역사 앞에 자신을 내던지지는 않았을 것이다. 소설가 김훈이 그린 이순신의 모습 또한 내면과 상황이 갈등하는 인간 안쪽의 풍경을 징글징글하게 보여주었다. 우리의 산과 들은 이름 없이 죽어간 수많은 민중의 뼈로 다져졌고 강과 바다는 그들의 피로 깊이를 더해 지금에 이르렀다. 이것이 작은 인간에게 선택을 강요했던 역사이기도 하고 인간에 의해 만들어진 역사이기도 하다. 핑계 김에 기억에 남는 몇 가지 인생을 둘러본다.

"두목, 나는 벌써 머리 꼭대기가 하얗게 세었고 이빨도 흔들거리기 시작해요. 그래서 미적거릴 시간이 없어요. 당신은 젊으니까 참고 기다릴 수 있겠지요. 하지만 감히 선언합니다만 나이 먹을수록 나는 더 거칠어질 겁니다. 어느 놈도 사람이 나이 먹으면 침착해진다는 소릴 못 하게 할 겁니다. 죽음이 오는 걸 보고는 목을 쑥 내밀고 "날 잡아잡수, 그래야 천당 가지!" 이 따위 소리는 못 하게 하고말고요. 오래 살면 살수록 나는 반항합니다. 나는 절대로 포기하지 않습니다. 세계를 정복해야 하니까요."

누구의 말일까? 그의 인생관은 또 이렇다.

"무슨 음식으로 뭘 하는지를 가르쳐주면 당신이 어떤 사람인지 말해줄 수 있습니다. 누구는 먹은 음식으로 비계와 똥을 만들고, 누구는 일과 좋은 유머에 쓰고, 내가 듣기에 또 누구는 하느님께 돌린다고 합디다. 그러니 인간에는 세 가지 부류가 있을밖에요. 두목, 나는 최악의 인간도 최선의 인간도 아니오. 중간쯤에 들겠지. 나는 내가 먹는 걸 일과 좋은 유머에 쓴답니다. 과히 나쁠 것도 없겠지요."

소설의 화자는 이 인물을 이렇게 묘사했다.

"그는 남자나, 꽃 핀 나무, 냉수 한 컵을 보고도 똑같이 놀라며

"감히 선언합니다만 나이 먹을수록 나는 더 거칠어질 겁니다. 오래 살면 살수록 나는 반항합니다. 나는 절대로 포기하지 않습니다." 그는 인생의 모든 지향점을 자유에 맞춘, 바로 그리스인 조르바이다.

자신에게 물었다. 그는 모든 사물을 매일 처음 보는 듯이 대하는 것이다."

여기서 그는 인생의 모든 지향점을 자유에 맞춘 인물, 니코스 카잔차키스의 『그리스인 조르바』의 주인공 조르바이다. 그의 상수는 바로 자유이자 그의 눈은 진정한 시인의 그것이었다.

또 이런 인생이 있다.

할매 한 분이 손자 소풍을 따라갔다. 벚꽃이 튀밥처럼 일순간 터져 그늘마저 눈부신 날이었다. 그날따라 맥주가 달아 몇 잔 연거푸 들어갔고 하필 학부모 장기자랑이 시작되었다. 젊은 축들이 너나없이 나서서 "할머니도 한 곡 하세요" 하며 톡톡 쳤다. 누구는 사랑은 얄미운 나비라 했고 누구는 청춘을 돌려달라 했다. 마이크 놓고 들어올 때도 "그 나이 자시도록 노래 한 곡 안 배웠습니까" 하고 어김없이 톡톡거렸다.
그렇게 톡톡 건드리는 통에, 잔의 바닥에서 거품이 되려 솟아오르는 기포처럼, 혈구의 앙금 밑에 쉬던 흥이 뽀글거리며 올라섰던가 보더라. 슬슬 '배운 가락' 이 스며 나오기 시작해 그만 마이크를 잡고 말았다. 모두들 소란을 멈추었다. 전축이나 텔레비전

상수,
가장 맛있는
국물을
만드는
레시피

을 틀어야 듣던 프로의 목소리가 나온 것이다. "기생이다!" 조용
하던 장내는 다시 수군거리기 시작했다. 손자는 울면서 앞서 걸
었고, 며느리는 여기 와서도 이럴 거냐며 타박을 했고, 아들은
호적에서 파자 했다. "호적이 무슨 우물이냐"던 할매는 그 밤 한
잔 가득 부어 음독을 하였다.(진옥섭, 『노름마치』)

통영에서 '유앵이 할매'로 통하던 최고의 여류가 인생을 마
감한 이야기이다. 그녀의 자질을 현대에서 발휘했더라면 뛰어
난 예술가로 대접받았을 터였다. 단지 춤과 노래에 뛰어났던
한 여자가 걸머메야 했던 인생의 경사를 사회가 정해버린 시간
이었다. 인간사회에서 개인이 가진 상수에 대한 해석은 어쩌면
시간에도 지배를 받는 모양이다.

좌표에서 움직이는 함수들은 선택된 상수에 따라 무한대로
발산하거나 한 점으로 수렴하거나 적당한 경우 도형을 그린다.
수많은 인생이 그리는 궤적 또한 수렴하거나 발산하거나 맴돈
다. 이 모든 것이 인생이다. 아니 모든 것을 끌어안는 것이 인
생이다.

G, 공간이라는 미끄럼틀의 경사를 알려주는 중력상수

질량에 대해 이야기할 때 이미 대문자 G를 만난 적이 있다. 그때는 질량을 나타내는 m이 주인공이었지만 지금은 G가 주인공이다. 우리는 G를 중력상수重力常數, Gravitation constant라고 부른다. 거창할 건 없다. 다시 말하지만 그냥 숫자 하나이다. 한번 적어보면 이렇다.

$$G = 6.67 \times 10^{-11} \text{N} \cdot \text{m}^2/\text{kg}^2$$

뒤의 문자들은 몰라도 되는 단위이다. 영화표를 살 때, 전철에 오를 때, 운명의 연인을 추적하며 주머니 속을 확인할 때, 필요하지 않다. 부모님에게 용돈을 타기 위해서 중력상수의 단위는 뉴턴의 중력 공식을 뒤집어서 간단하게 유도할 수 있다는 사실을 자랑스럽게 알려드린다면 당신은 가장 관념적인 곳에서 현실(돈)을 끌어내는 위대한 사람이다. 그렇지 않다면 여기서는 6.67×10^{-11}이라는 숫자가 중요하다. 사실 이 수가 아주 작은 수라는 사실에 관심을 가져야 한다. 이미 알고 있듯이 질량을 가진 것들은 서로 끌어당긴다. G는 이들이 서로 당기는 비율이 아주 작다는 말을 하고 있다. 질량끼리 잡아당기는 만유인력의 공식에서 이 G를 곱함으로써 힘은 아주 작아진다. 그럼 무엇보다 작다는 말인가?

비교할 때는 비교당하는 두 대상이 같은 계층에 있어야 한다. 힘은 힘끼리 비교해야 하고 길이는 길이끼리 비교해야 한다. 성적은 성적끼리 비교해야 하고 아빠의 월급은 바로 그 숫자로 비교해야 한다. 이런 비교가 엄밀하게 의미를 가진다. 많은 친구들이 슈퍼맨과 배트맨의 우열을 궁금해하지만 잘 생각해보면 이 둘은 이름이 '맨' 이라는 말로 끝나는 것을 제외하고는 서로 노는 물이 다르다. 원작자나 제작사도 다르지만 외계에서 온 슈퍼맨은 사랑하는 사람이 죽자 광속비행으로 지구의 시간까지 거꾸로 돌려놓는다.* 그에 비해 배트맨은 싸움 기술 좀 배우고 부유함이 만들어준 이런저런 장비를 사용하는 평범한 인간이다. 활동 무대 또한 고담시로 제한되어 있다. 이 둘을 비교하는 일은 내 키와 영국 수상의 여성편력을 비교하는 일과 같이 의미 없다. 그래서 중력상수에 의해 결정되는 중력의 크

---

* 물론 만화이지만 이런 설정이 왜 불가능한지, 광속은 무엇이며 시간은 무엇인지, 또 시간은 거꾸로 갈 수 있는지 등 과학적 이야깃거리 또한 많다.

기는 같은 계층의 다른 힘과 비교해야 한다.

그런데 사람이 살아가는 일에 있어서 이 비교의 계층은 좀 달라진다. 과학에서의 비교는 대상에 대해 파악하기 위해서 보통 대상이 가진 많은 특징들을 분야별로 나누어 측정한다. 태양과 같은 항성을 다른 별과 비교할 때 크기와 온도, 질량, 생성 기간, 구성 물질의 비율 등으로 나누어 생각한다. 또 운동을 기술할 때 x축 방향의 속도와 y축 방향의 속도로 나누어 설명하는 일은 훨씬 명확하고 쉽게 설명할 수 있기 때문이다.

이제 우리 주변에서 흔히 일어나는 일에 대한 비교다. 학생들의 성적은 1등에서 꼴등까지 적나라하게 드러난다.(아직 덜 성숙한 인간에 대해 학교가 저지르는 범죄 행위다.) 많은 엄마들의 논리로 보자면 이 비교는 흠잡을 데 없이 명쾌하다.

"네가 옆집 명식이하고 비교해서 떨어지는 게 뭐야, 도대체? 머리가 나쁘니, 그렇다고 비싼 과외를 안 시켰니, 제대로 먹을 걸 안 주니? 사달라는 MP3, 컴퓨터, 다 사줬잖아. 명식이처럼 전교에서 1, 2등 하라는 말도 아냐. 50등 아니, 100등 안에는 들어야지. 이 엄마 너 때문에 창피해서 고개를 못 들고 다니겠어."

분명하게 같은 계층의 비교이다. 그러나 수없이 들어온 이 잔소리에는 왠지 승복하기 싫어진다. 기분 나쁘다. 그래서 개기고 싶어진다. 자꾸 엄마를 악역으로 만드는 것 같지만 어떤 순간 당당한 악역은 다음 순간 주인공으로 변할 수도 있으니 이해 바란다. 말 나온 김에 하나만 더 얘기하자.

"내 친구 명자 알지? 걔 남편은 이번에 성과급 받아서 명자 차 바꿔줬대. 새로 나온 중형차더라구. 이번 동창 모임에 차 끌고 나와서 얼마나 뻐기던지. 눈꼴 시려서 정말!"

정확하게 수치로 떨어지는 이런 비교는 아무런 오류가 없어 보인다. 그러나 아들은 방문을 잠갔을 것이고 남편은 슬그머니 슬리퍼를 끌고 동네 포장마차를 찾고 있을지 모른다. 이런 경우 정말 온당한 비교는 한 사람을 그 자체로 바라보는 일이다. 그리고 인간으로서의 장점을 찾아내는 것이다. 온전한 인간 통째로 바라보아야 한다는 말이다.

아들은 어릴 때부터 놀이에 능숙했다. 딱지치기, 구슬치기, 숨바꼭질 등 뭐든 놀이를 시작하면 주머니가 터질 지경이 되어야 집에 들어왔고 친구들은 무슨 놀이를 하든지 아들이 있어야 재미있다고 했다. 그러니 학교에서도 방과 후에도 바쁠밖에. 집단에서 무게중심을 자기 쪽으로 끌어올 줄 아는 큰 능력의 소유자라 할 수 있다. 이런 경우 우리의 아들이 옆집 명식이보다 사회적으로(그냥 사회적으로다. 다른 가치는 잠시 접어둔다.) 성공할 확률이 더 크다. 전교 1등은 어차피 한 명이고 우리 인생은 그렇게 간단하게 등수 매겨지지 않는다. 인생은 무한대의 가능성을 가지고 무한대의 방향으로 열려 있다. 얼마나 풍부하고 깊은 인생을 가꿔나가는지의 척도를 월급명세서에 동그라미 개수가 말해주지 않는다는 것은 분명한 사실이다. 사람은 온전히 사람으로 보아야 알 수 있다.

왜 과학적 사실과 인생은 다른가 하는 생각이 들 만도 하다. 그러나 전체적 시각으로 보면 자연도 그렇게 간단한 비교를 허락하지 않고 있다. 과학이 각 요소로 나눠서 생각하는 버릇은 처음부터 전체로 접근하는 방법보다 훨씬 용이할 뿐 아니라 과학이 발전해왔던 논리이기 때문이다. 바로 귀납적 방법으로 쌓아온 논리와 관계있다. 이 방법은 자연현상을 관찰하는 데서 출발한다. 그리고 설명하려는 과정을 거쳐서 하나의 이론이 완성된다. 그 중간 다리가 바로 분석이다.

자, 측정하고 비교하고 분석한다. 그런데 정확한 시간을 측정하려 했더니 이곳과 저곳에서 시간이 지나가는 속도가 다르다. 중력이 큰 곳에서 시간은 느리게 간다. 또 상대적으로 운동 속도가 빠른 곳에서도 시간은 천천히 흐르고 있었다. 무얼 믿고 결과를 내야 하나? 길이 또한 속도에 따라 변했다. 질량도 변한다. 정확하게 측정하고 비교, 분석하는 과학이라는 것이 존재할 수 있을까? • 아인슈타인의 시각은 이런 것들을 통째로 보는 것이었다. 시간과 공간이 합쳐진 시공간이라는 새로운 통찰로 바라볼 때 많은 현상은 그에 따르는 구성 요소로 모습이 드러난다. 과학에서도 거리를 두고 통째로 보는 시각이 반드시 필요하다.(물론 그의 연구가 이런 순서로 이루어진 것은 아니다.)

다시 돌아간다. 중력과 비교할 수 있는 힘은 바로 전자기력이다. 우리 우주에서 작용하는 근원적인 힘은 네 가지이다. 강한 핵력, 약한 핵력, 전자기력, 중력이 그것들이다. 빅뱅 초기, 그러니까 우리 우주가 막 태어났을 때 모든 힘은 하나로 존재하는 근원적 현상이었다. 그후 우주가 급격히 팽창하고 점점 식어가려 하자 힘들이 하나씩 분화되기 시작했다. 이들 중 핵력은 원자핵 안에서 작용하는 힘이다. 거시적으로 우리가 느낄 수 있는 힘은 중력과 전자기력이다.**

이제 중력과 전자기력의 세기를 비교해보자. 원자의 내부도 그렇지만 원자와 원자 사이의 공간 대부분은 텅 빈 진공이다.

• 우리가 생활하는 수준에서 이런 상대성 효과는 아주 미미하다.
•• 전자기력을 느낀다는 말은 조금 이상하기도 하지만 먼저 감전된 경우를 떠올릴 수 있다. 또 우리 몸은 생체전기를 이용해 정보를 전달하고 생명을 조율해나간다. 전자기력이라는 말은 전기현상과 자기현상이 통합된 말이다.

이런 원자들을 서로 묶어주는 힘은 전자기력이다. 사랑하는 사람의 손을 처음 잡았을 때 온몸을 훑고 지나는 전기도, 서로의 손이 서로를 뚫고 허공을 헤매지 않게 몸을 이룬 원자들을 묶어주는 힘도 전자기력이다.

이렇게 원자들을 묶어주는 전자기력과 원자들이 가진 질량으로 서로 당기는 중력을 비교해보면 전자기력이 중력보다, 백 배도 아니고 천 배도 아닌 10^{36}배 더 강하다. 이 정도면 비교할 가치가 없을 정도의 차이다. 같은 차원에서는 아예 없는 것이나 마찬가지다. 그러나 다음 순간 바로 의문이 고개를 드는 건 당연하다. 태양과 지구의 운동, 항성과 항성 사이의 운동, 성단과 은하들의 운동, 은하단들 사이의 운동, 137억 년에 걸친 우주의 팽창, 이렇게 거대한 우주를 움직이고 파괴하는 모든 힘은 중력이다. 우주에 존재하는 다른 힘에 비해 상대적으로 없는 것과 마찬가지의 힘이 어떻게 우주를 조종하는 가장 막강한 힘으로 자리 잡았을까?

답은 간단하다. 엄청난 질량이 모였기 때문이다. 기본적으로는 작은 힘이지만 중력의 근원인 질량이 쌓이면서 힘도 쌓인다. 질량이 힘으로 건너가는 가교가 G이다. 여기에 전자기력이 가진 성질도 큰 원인으로 작용한다. 전기력과 자기력은 두 개의 극을 가지고 있다. +와 − 전기, N극과 S극. 이렇게 쌍으로 존재하기 때문에 대부분의 전자기력은 서로를 상쇄하여 거시적인 세상에서는 큰 힘을 발휘하지 않고 있다. 반면 질량으로 만들어지는 중력은 질량만 있으면 점점 커지기만 한다. 힘의 방향 또한 서로 끌어당기는 방향으로만 작용한다. *

영민하지 않지만 꾸준히 자신의 일에 매진하는 사람을 보면 자꾸 중력이 떠오른다. 아주 작은 힘이지만 꾸준히 질량을 쌓아 우주를 지탱하는 힘으로 자리 잡았으니까. 힘은 없지만 묵묵히 들녘을 가꾸는 농부들 또한 우리 사회와 삶을 떠받치고 있는 중력과 같은 존재들이다.

다시 아인슈타인의 시각을 빌린다. 그에 따르면 질량은 공간을 휘어놓는다. 질량을 가진 모든 물질은 그 휘어진 공간을 따라 운동한다. 질량이 쌓여 중력이 커지면 그에 따라 공간은 더 급격하게 휜다. G를 다른 각도에서 바라보면 질량에 따라 공간이 휘는 정도를 말해주는 상수이다. 즉, 공간의 기울기라 할 수 있다. 이렇게 만들어진 공간의 경사를 거스르려면 경사에 따라 더욱 큰 힘이 필요하다. 우주 왕복선이 지구를 벗어날 때 필요

* 서로를 밀쳐내는 반중력에 대한 논의도 활발하다. 우주의 팽창과 관련이 깊은 반중력은 아직 확인되지 않았다.

한 엄청난 에너지는 모두 지구의 질량이 만든 공간의 경사를 거꾸로 타고 오르는 데 쓰인다.

자, 그렇다면 중력이 만드는 경사 중 가장 큰 경사는 무엇일까? 슈퍼맨보다 더 센 놈이 있지 않을까? 항상 궁금하다. 유치해 보일지언정 이것이 인간 본연의 모습이다.

잠깐 만나는 블랙홀과 죽음

우리 우주에서 찾아볼 수 있는 극한의 경사는 당연히 블랙홀이다. 무엇이든지 잡아먹는 검은 구멍! 우리는 그를 이 정도로 알고 있다. 블랙홀도 한때는 태양처럼 스스로 빛을 내는 항성이었다. 단지 태양보다 최소 10배 이상의 질량을 가져야 한다는 것만 다르다.

항성은 자신의 질량에 따라 운명이 정해져 있다. 질량이 크면 클수록 스스로를 빨리 연소시키고 거대한 초신성으로 몸집을 불린다. 그러고는 폭발한다. 이 과정에서 바깥 부분은 우주로 방사해버리고 무거운 가운데 부분은 스스로의 질량을 견디지 못해 질량의 중심을 향해 무너지기 시작한다. 스스로 계속 자신의 안쪽으로 무너지는 것이다. 수축하는 것이다.

그 결과 특이점이라는 것이 생긴다. 블랙홀의 중심인 이것은 말 그대로 특이하다는 뜻이다. 연속적인 변화로 설명할 수 있는 곳이 아닌 완전히 다른 불연속의 지점이다. 다분히 수학적인 개념인 이 말은 아주 작은 공간에 무한대의 질량이 뭉쳐 있는 모양으로 말할 수 있다. 밀도 또한 무한대이다. 이 정도면 수학적 상상의 극치라고 생각할 수 있지만 이런 과정으로 예측했던 블랙홀이 이미 우주에 수없이 존재한다는 것이 정설이다.

특이점을 중심으로 공간이 휜 정도는 이렇다. 중력장을 거꾸로 올라가 중력의 영향을 벗어날 수 있는 속도를 탈출속도라고 한다. 이 탈출속도를 이야기하면 거꾸로 공간이 만든 경사의 정도를 말하는 것이기도 하다. 지구가 만든 중력장을 벗어나 탈출하려면 1초에 11.2km 이상으로 달려야 한다. 태양의 중력권에서 탈출하려면 초속 618km/s의 속도가 필요하다. 지구의 둘레가 40,000km임을 감안하면 지구 한 바퀴를 도는 데 대략 1분이 조금 넘는 어마어마한 속도이다. 이 속도는 태양이 가진 큰 중력의 역설이기도 하다.

블랙홀의 중심, 그러니까 특이점에서의 탈출속도는 이미 빛의 속도를 넘어서 있다. 우리 우주에서 빛보다 빠른 것은 없다. 즉 블랙홀에서는 아무것도 빠져나올 수 없다는 말이다. 블랙홀의 바깥 경계이자 밑 없는 중력의 나락이 시작되는 사건의 지평선Event Horizon을 넘어가는 순간, 이 우주 안에 있는 그 어떤 것도 다시 나올 수 없다. 그전의 상태로 돌아올 수 없다. 공간의 경사가 워낙 크기 때문에 위치마다 작용하는 중력의 크기가 다르다. 결국 공간은 갈기갈기 찢기고* 물질이나 에너지, 공간이 가지고 있던 모든 정보는** 해체된다. 빛조차도 나올 수 없는 저 너머에 대해 우리가 알 수 있는 방법은 하나도 없다. 다만 예측할 뿐이다. 블랙홀, 우주에 존재하는 레테의 강이다.

그것은 죽음이다. 우리 일상에서 만나는 같은 종류의 과정은 바로 죽음이다. 그곳을 다녀온 이는 하나도 없다. 죽음이라는 것은 인생의 바깥, 사건의 지평선을 넘는 일이다. 그곳에서는 아무것도 돌아올 수 없다. 이곳의 정보는 모두 해체된다. 의미마저도 해체되는 그곳에 대해 사람들은 본능적으로 두려워한다. 그러나 자발적으로 사건의 지평선을 넘어가는 이들에게 삶은 아마도 그곳보다 더 잔인했을 것이다. 삶이 잔인한 순간, 블랙홀 안쪽은 오히려 평안한 곳이다.

* 공간의 경사가 크기 때문에 공간이 찢어진다는 말이 모순처럼 들리지만 이 이상의 표현을 찾을 수 없다. 그리고 지금까지의 이론에 따르면 사실이라고 생각한다.
** 현대과학에서 정보라는 개념은 아주 새롭고 광범위하며 또 실질적이다.

블랙홀이 가진 정보의 해체라는 과정을 우주적 정보를 연산 演算하는 것으로 보는 과학자들도 있다. 이런 거대하고 막막한 상상을 실제로 확인해볼 방법은 현재로선 없지만 과학에 기반 한 추상적 통찰은 때로 우리의 인생을 풍부하게 해준다. 죽음 또한 우리 인생이 만든 수많은 정보를 해체해 재처리하는 과정 일 수 있다. 우주든 인생이든 사건의 지평선 너머를 상상할 수 있다. 그것이 우리가 있는 이쪽 땅을 풍부하게 하는 일이기도 하다.

새로운 상수 N

G는 지구의 중력을 이용해 우리가 먹은 음식물의 소화를 돕는 일부터 블랙홀이 만든 돌아올 수 없는 경사까지 온 우주에 걸 쳐서 힘의 비율을 조정하고 있는 상수이다. 이 상수와 관련 있 는 또 하나의 상수가 있다. 앞에서 잠깐 등장했던 10^{36}이라는 큰 수를 N이라는 상수로 부른다. 이 수는 전자기력의 크기를 중력의 크기로 나눈 상수로 전자기력이 가진 힘의 크기와 중력 의 힘의 크기를 비교해놓은 수이다. 조금 자세히 이야기하면 이렇다. 두 개의 양성자가 있다. 양성자는 +전기를 가지고 있

어서 전기적으로 서로를 밀쳐낸다. 그러나 이들은 질량도 가지고 있기에 서로를 끌어당기는 힘 또한 존재한다. 이 둘을 비교한 결과 밀쳐내는 전기적 척력이 끌어당기는 중력보다 10^{36}배 강하다는 것을 나타낸 상수이다. 이 비율이 왜 중요할까?

현재 우리 우주가 가지고 있는 상수 N의 조건 아래에서는 질량이 목성 정도일 경우 중력이 전자기력을 따라잡는다. 만약 N에서 0이 대여섯 개 정도 없는, 그러니까 중력의 크기가 상대적으로 더 강한 우주가 있다면 항성이나 행성의 질량이 10억 배 정도 가벼워진다. 이런 세계에서는 생명이 탄생하더라도 벌레 이상의 크기로는 진화할 수 없으며 큰 생물들은 모두 중력에 눌리게 된다. 은하도 빨리 형성되고 우리 우주가 마음 놓고 팽창하지 못해 우주의 크기도 훨씬 작아진다. 따라서 충돌도 빈번하게 일어나서 안정된 행성계가 만들어질 수 없다.

이런 사실을 보고 있으면 우주는 생명체를 만들기 위해 매우 정밀하게 조율된 상수를 가지고 있다고 생각할 수 있다. 언뜻 우리의 뒷덜미를 흔들고 지나는 바람이 신의 옷자락이 지나면서 만든 것은 아닌가 느껴지기도 한다. 그러나 다중우주론자들은 이렇게 말한다. 수많은 우주가 있으며 이들은 서로 다른 상수들의 조합을 가지고 있다. N이 작은, 그러니까 다른 힘에 비해 중력이 상대적으로 큰 우주들은 생명이라는 결실을 보지 못하고 벌써 종말을 맞이했을 수도 있으며 N이 더 큰 우주는 느슨하게 지속적으로 팽창하면서 아주 차갑게 식어버릴 수도 있다는 말이다. 우리 우주와 같이 상수들이 적절하게 조율된 경우에만 생명이라는 관찰자를 품은 우주로 성장했다고 말한다.

마치 코페르니쿠스가 지동설로 인간을(신을) 우주의 변방으로 내치기 이전의 인간 중심적인 사고방식으로 돌아간 듯한 뉘앙스이지만 이 가설은 과학적 논리로만 따라와 만난 결론이다.

C, 우주의 벽, 빛의 속도

$$C=299,792, 458m/s$$

빛의 속도를 나타내는 수이다. 진공에서 대략 1초에 30만km를 간다. 당신이 빛의 속도로 달린다면 1초에 지구를 일곱 바퀴하고도 반을 더 돈다. 닐 암스트롱이 4일 정도 걸려 날아간 달까지는 2초가 채 걸리지 않고 태양까지도 8분 정도면 도착할 수 있다.(태양의 온도와 중력을 생각하면 그리 권하고 싶지는 않지만.) 또 태양에서 출발해 태양계의 제일 바깥 행성이었던 명왕성*까지 가려면 5시간 30분 정도만 쉬지 않고 달리면 된다. 진정한 태양계의 바깥 울타리라고 여기는 헬리오시스 **를 벗어나기까지는 하루 정도 달려야 한다. 내친 김에 우리가 속해 있는 은하의 중심까지 달려보자. 우리 은하의 지름이 약 10만 광년의 거리이니까, 반지름은 5만 광년이다. 태양계에서 은하 중심까지는 3만 광년. 지구상에서 네안데르탈인이 사라지고 호모사피엔스가 등장했던 시절에 당신이 출발했다면 지금쯤 은하의 중심을 구경하고 있을 것이다. 다시 말하지만 빛의 속도로 쉬지 않고 달려야 한다. 이런 은하가 우리 우주 안에는 1000억 개 정도 있다.

빛의 속도는 가장 빠른 속도이고 우주의 크기는 가장 큰 그것이다.

단순히 빛의 속도를 나타내는 숫자가 우리 우주 안에서 어떤 의미를 지니기에 여기저기 자꾸 등장하는가?

상대성 이론에 의하면 이 우주 안에 빛보다 빠른 것은 없다. 어떤 물체가 빛의 속도에 가까워지면 질량이 점점 늘어난다.

• 달의 절반 정도 크기인 명왕성은 최근에 행성의 자격을 박탈당했다.
• • '태양계의 칼집'이라는 뜻.

길이가 짧아진다. 시간 또한 점점 그 속도가 느려진다. 그러다가 만약 빛의 속도에 이른다면 질량은 무한대가 되고 길이도 0이 되면서 시간은 멈춘다. 그래서 빛의 속도로 달릴 수 있는 것은 질량이 없다. 빛光子이 그렇다. 내가 광자를 타고 달린다고 가정한다면 시간을 느낄 수 없을 것이다. 시간을 하나도 쓰고 있지 않으니까. 빛의 속도는 넘을 수 없는 장벽이다. 왜 그런가? 대충이라도 이를 이해해보려 한다면 시간과 공간을 하나로 보는 시공時空, Timespace이라는 개념으로 접근해야 한다. 시공은 시간과 공간을 뒤섞어놓은 개념이다. 우리가 사는 3차원 공간에 시간이라는 차원을 더한 4차원 공간이라고 말하기도 한다.

우리가 사용할 수 있는 시공은 한정되어 있다. 엄마가 주방에서 사용하는 고무장갑이 찢어졌다. 이유는 알 수 없지만 아들은 고무장갑을 사각형으로 잘랐다. 사각형인 고무 조각의 세로가 공간이라면 가로 쪽 길이가 시간이다. 그러면 전체 면이 시공이다. 이 고무 사각형은 어느 쪽으로도 늘릴 수 있다. 위아래로 잡아 늘이면 공간이 늘어나고 시간은 줄어든다. 좌우로 늘이면 공간이 작아지는 대신 시간은 길어진다. 시공의 사용법은 이렇다.

우리가 알고 있던 시간과 공간은 전혀 관계없는 것이라는 직관은 여지없이 깨졌다. 뉴턴이 정의했던 절대시간과 절대공간은 시간은 시간대로 공간은 공간대로, 따로 존재하는 절대적인 것이었다. 내가 무엇을 하든 나를 담고 있는 공간은 공간일 뿐이었다. 시간도 내가 무슨 짓을 하건 나 몰라라 일정한 속도로, 그것도 한쪽 방향으로만 나로부터 도망가서 멀어지는, 항상 아쉬움만 남겨주는 그런 신기루 같은 것이었다.

이 둘이 합쳐진 것, 그것을 우리는 시공이라고 부른다. 우리는 때로 공간을 좀더 많이 사용하려는 경우가 있다. 달리 말하면 짧은 시간에 많이 이동하려는 경우이다. 속도를 올린다. 점점 속도를 올려 많은 공간을 사용하려 한다면 시간이 점점 느리게 간다.

이렇게 보자. 때는 초가을, 해는 정확하게 당신 머리 위에 떠 있다. 당신은 감나무 과수원을 방문했다. 어딘지 묘한 분위기를 띤 과수원의 주인은 마음껏 감을 따라고 허락하면서 바구니가 달린 긴 장대를 하나 손에 쥐여준다. 당신이 입맛을 다시며 살펴보니 크고 좋은 감은 주로 나무의 높은 곳에 매달려 있다. 그런데 과수원 주인은 이상한 조건을 내걸었다. 감을 따는 순간 장대가 드리운 그림자의 길이를 재겠다는 것이다. 높은 곳에 달린 감을 따려 장대를 높이 세우면 당연히 그림자의 길이는 짧아지고 낮은 곳의 감을 따기 위해 장대를 눕히면 그림자

길이는 길어진다.

감을 따는 순간 장대 그림자의 길이가 길면 감을 딸 수 있는 시간을 더 주고, 길이가 짧으면 길이에 비례해서 처음에 준 시간을 빼앗겠다는 말이었다. 당신은 고민한다. 낮은 곳에 달린 작은 감을 따면 더 많은 시간을 쓸 수 있고 높은 곳의 굵은 감을 따면 몇 개 못 따고 바로 집에 가야 했다.

묘한 주인은 바로 우주의 법칙을 말하고 있다. 그림자의 길이는 시간이라고 할 수 있다. 장대로 갈 수 있는 수직의 높이는 공간이다. 굵은 감을 공간이라고 봐도 좋다. 공간을 많이 사용하는 것은 높은 감을 따는 것이다. 시간은 점점 줄어든다. 장대를 뉘어 시간을 넉넉하게 쓰자면 공간의 폭이 좁아진다.

시공의 성질이 이렇기 때문에 우리는 절대 빛의 속도보다 빨리 달릴 수 없다. 점점 가속하여 빛의 속도에 다가간다는 행동은 장대를 수직으로 세우는 행동이다. 그림자가 없어지는 결과는 시공이라는 반죽을 공간 쪽으로 모두 사용하여 시간축이 사라지는 것이다. 시공의 마지막 부분에 부딪히는 순간, 질량 또한 무한대로 증가하기 때문에 우주에 존재할 수 없다. 바로 이것이 우리가 넘을 수 없는 우주의 벽이다. 빛의 속도는 그 벽이 어디에 있는지 가리키는 손가락이다. •

미안합니다. 영순 씨, 당신께 한 장 편지 쓰는 일도 이렇게 한 잔 낮술이 필요합니다. 마을은 푸릅니다. 그러나 이 푸름은 뭔가 모르게 들떠 있습니다. 이 마을에도 또 하나의 우주가 그림자만큼 가까이 와 있기 때문입니다. 오른손 손가락 사이로 왼손 손가락이 들어갈 수 있는 것과 같은 이치이죠. 초록의 그림자가 초록입니다. 멀쩡한 것이 슬퍼 보이는 건 당신 때문이 아닙니다. 우리가 슬픈 우주와 겹쳐 있는 곳이 바로 거기 그림자께여서입니다. 소주는 다른 우주를 볼 수 있는 1000원 짜리 투시제라는 사실도 함께 고백합니다.

나는 당신을 기다리고 있습니다. 시간과 공간은 밀가루 반죽처럼 한 몸이어서 공간을 늘여대면 옆면인 시간이 쫄아 붙고 시간을 많이 쓰면 공간이 꼼짝 않는답니다. 그래서 깨달았습니다. 당신과 만날 그날까지 가장 빨리 시간을 낭비하는 방법은 꼼짝 않는 것입니다. 공간을 안 쓰면 시간은 빨리 갑니다. 몇 날을 꼼

• 정확하게 말하자면 감을 따는 장대의 길이가 빛의 속도이다. 어느 쪽으로 기울이건 장대의 길이는 변하지 않는다.

짝 않고 누워 있었습니다. 그러나 문득 이 야속한 지구는, 위도 37도인 이곳에서 1초에 464m의 속도로 자전하고 있었습니다. (아, 어지러워라) 또 1초에 29km씩 공전하고 있으니, 거기에 우리 은하 또한 어마어마한 속도로 돈답니다. 돌겠습니다. 꼬인 내 인생을 어떻게 풀어야 할지.

당신이 꿔간 (내 전 재산) 500만 원은 절대 아깝지 않습니다. 당신은 돌아올 것이기 때문이기도 하지만 또 하나, 뉴턴의 실수에 대해 알았습니다. 그는 실연을 당했습니다. 사랑이 상황에 따라 상대적으로 변한다는 사실을 그는 받아들일 수 없었던 겁니다. 그래서 절대공간을 만들었던 거죠. 상대적인 걸 설명할 수 없던 그는 절대사랑이라는 말로 그냥 얼버무려 넘어갔죠. 여자는 그를 떠나 과학사를 왜곡했고(영순 씨, 당신은 이 여자와는 다릅니다), 아인슈타인의 상대적 연애는 성공했지만 절대 500만 원이 아깝다는 말은 아닙니다.

우리의 잊을 수 없는 첫날밤이 떠오릅니다. 당신의 수줍음은 강한 핵력과 같았습니다. 여관방 화장실문은 열리지 않았고 안에서는 하염없이 물 흐르는 소리와 코고는 소리가 났지만 그렇게 나는 문고리를 부여잡고 당신에 대한 끓는 사랑을 혼자 해결했지만, 잠 깬 아침 (화장실에 선홍으로 얼룩진 한 장 팬티를 남기고 사라진) 당신 없는 화장실에서 문 열어놓고 혼자 샤워했지만 오래오래 샤워해 여관비는 아깝지 않았지만, 상처 없이 닫힌 공간을 뛰어넘는 일은 우리가 사는 3차원에서는 절대 불가능하다는 걸 몸으로 뼈저리게 느꼈습니다. 내 사랑의 가장 큰 관건은 시간입니다. 다른 차원에서나 가능한 유연한 시간.

내가 당신께 달려가지 못하고 여기서 기다리는 이유는 150근짜리 내 몸이 강력한 중력장gravitation field에 묶여 있어서가 아닙니다. 영순 씨가 떠나던 날 내게 집어던졌던 휴대폰이 깨지면서 만든 사랑장love field 때문입니다. 이 마을에 중력은 없습니다. 나는 둥둥 떠다니지만 아직 여기에 있습니다. 언젠가는 이 장場, field에 걸린 당신과 500만 원을 기다리면서

남에게는 희극처럼 보이지만 자신에게는 비극인 사건들이 있다. 우주의 방식에 객관적으로 정해진 것은 거의 없다. 모두 상대적이다. 운동이 그렇고 사랑이 그렇다. 그러나 빛의 속도는 보는 이의 운동 상태에 관계없이 항상 일정하다.

질량에 대해 말할 때 우리는 아인슈타인의 에너지와 질량이 같다는 공식에 대해 자세히 살펴보았다. $E=mc^2$, 질량이 에너지로 변할 때 반드시 지나야 하는 문이 c^2이다. 문을 지나는 순간 c^2이라는 큰 수로 곱해지면서 뻥튀겨진다는 뜻이었다. 왜 이런 공식에 빛의 속도가 들어갈까? 그 원인은 좀더 복잡한 이야

기로 구성되어 있지만 우리는 직관적으로 느낄 수 있다. 물질과 공간 그리고 시간은 근원적으로 서로 연결되어 있다는 사실이다. 같은 뿌리를 가진 것들이 상황에 따라 서로 다른 모습으로 드러난다고 이해할 수 있다. 근원적으로 한 몸인 무엇이다.

생生에 있어서 시공

사실 따로 해석할 여지가 없는 이야기이다. 우리가 몸담고 생활하는 시공간과 과학에서 발견한 시공간이 따로 있는 것이 아니기 때문이다. 우리 몸 또한 질량이고 공간의 응축이자 에너지이며 시간이 흐르는 물결 안에 있는 무엇이다. 다만 상대론적인 효과가 눈에 띄게 나타나기에는 매우 느리고 작은 공간에서 살고 있을 뿐이다.

우리의 생활과 연관된 시공은 생존과 생에 대해 회의하는 이성이라는 두 축으로 대입할 수 있다. 생존이라는 축은 분명히 인간이 부정할 수 없는 하나의 원초적인 축으로 본능이라는 오랜 역사의 유전자에 음각되어 있는, 거부할 수 없는 전통이다. 한마디로 먹고사는 일이다. 다른 축은 우주를 관찰하는 능력을 가진 인간으로 소통하고 회의함으로써 생의 가치를 넓히는 능

력을 말한다. 이 모든 것은 누가 준 것인가? 우주가 주었다. 진
정한 삶이 무엇인가, 라는 회의야 말로 생존을, 우주를 풍요롭
게 하는 본능이다. 이런 과정의 결과는 오로지 생명이라는 심
지를 끝까지 태우기 위해 시공을 사용하느냐, 아니면 자신을
심지 삼아 방 안에서 고요히 숨 쉬는 다른 존재의 그림자를 빛
으로 지워주는 데 시공을 재료로 썼는지, 선택하게 된다.

풍요는 물질적 넉넉함을 말하지 않는다. 그러나 생존에만 매
달릴 수밖에 없는 사람들이 있고 물질적 만족에만 목을 매는
사람들이 있다. 전자는 자신이 선택할 상수의 폭이 넓지 않은
빈곤이지만 후자는 스스로 인생에서 사용할 수 있는 시공의 여
러 면을 한쪽으로 몰아간 경우다. 당연히 생의 가치가 드리우
는 그림자의 길이는 짧아진다.

가치가 생존의 축을 잡아먹는 경우 또한 분명히 우리 삶에
존재한다. 그러나 우리는 이해한다. 우주적 풍요를 누리려는
가치는 그것에 관심을 갖는 순간 스스로 증식한다. 우주적 풍
요가 개인 생존을 파괴한 경우는 인간 역사에 수많은 비극으로
등장한다. 시공을 모두 사용하고도 모자란 가치가 있을지 모른
다는 말이다. 죽음보다 더한 풍요가 우리 우주에 있을지 모른
다는 말이다. 이런 경우는 스스로를 더욱 많이 복제하고자 하
는 유전자의 목적에 반하는 경우인가? 아니면 유전자 안에 더

욱 풍요로운 우주적 가치를 추구하는 염기배열이 존재하는 것
은 아닌가?

또한 인생에서 나이를 먹어가는 속도를 지정하는 상수를 생
각할 수 있다. 이것 역시 인생의 가치와 관련이 깊다. 이 속도
상수는 각각 나이에 맞는 일, 인간이 가지고 느끼는 범위와 그
안에서 푸근하게 지낼 수 있는 사건과 상황들의 비율을 지정하
는 상수이다.

h, 우주를 만드는 데 쓰인
가장 작은 블록의 크기 - 플랑크상수

$$h = 6.6261 \times 10^{-34} J \cdot S$$

플랑크상수이다. 양자역학과 관련된 거의 모든 수식에 출몰하
는 중요한 양념으로 가장 작은 상수 중 하나이다. 이것 또한 아
주 작은 수라는 사실이 중요하다.

명칭은 물론 사람의 이름에서 따왔다. 많은 사람이 당시의
화두이던 흑체복사의 문제를 연구하다가 벽에 부딪힌다. 달궈

진 검은 물체가 내놓는 에너지의 복사곡선은 당연히 부드러운 곡선으로 나타나는 연속적인 값이라 생각했었다. 막스 플랑크는 에너지가 플랑크상수에 진동수를 곱한 정수배만 가능하다고 가정하였고 문제는 해결되었다. 이 사실은 에너지조차도 불연속적인 덩어리로 이루어져 있다는 혁명적인 결론을 이끌어냈다. 이것이 바로 양자의 탄생이자 양자역학의 초석이 되었다.

각설하고 결론을 말하면 플랑크상수는 우리 우주 안에서 유효한 영향력을 가질 수 있는 가장 작은 덩어리의 스케일을 말하고 있다. 위에서 단위를 보면 알겠지만 플랑크상수의 단위는 길이를 나타내는 미터나 센티미터가 아니다. 이 상황은 비유적이다. 사회를 이루는 가장 작은 단위는 개인이다. 우리는 개인이라는 말을 듣는 순간 무엇을 의미하는지 충분히 이해한다. 낱개의 인간이다. 물론 각각의 개인은 키도 다르고 체중도 다르며 사회 안에서 가진 위치도 다르다. 대통령이라는 개인은 유사시 나라에 속한 모든 군대를 움직일 수 있다. '나'라는 개인의 영향력은 유사시라 해도 컴퓨터 앞에 앉아 있는 딸아이 하나 움직일 수 있을지 회의적이다.(그래서 나는 회의하는 인간이다.)

에너지의 최소 단위라는 뚝뚝 끊어진 존재를 규정하는 것은 플랑크상수이고 나머지인 에너지의 크기는 진동수가 정한다.

이 둘을 곱한 것이 가장 작은 에너지 덩어리, 양자이다. 따라서 이 플랑크상수와 관련된 많은 파생상품이 존재한다. 디랙상수는 플랑크상수를 2π 나눈 상수로 운동량과 관련된 곳에서 출몰한다. 또한 적당한 가공을 거치면 플랑크시간, 플랑크질량, 플랑크길이 등 가장 작은 단위와 관련 있는 다른 무엇으로 둔갑해 나타난다.

플랑크상수는 양자역학의 기본 토대이다. 또한 꿈틀대는 우주를 이루는 가장 작은 세포의 스케일에 대해 말하고 있다. 우리 생을 만들어나가는 가장 작은 스케일을 결정하는 것은 무엇인가? 생의 가장 작은 단위는 무엇인가? 생은 연속적으로 변하는가? 이런 질문은 가당한가?

상수들이 향하는 종착지

빅뱅 이후 137억 년의 우주 역사를 거친 현재 우리의 모습을 보자. 137억 년 동안 팽창했던 우주는 지금 $2.7°K$(약 영하 270도) 정도로 식어 있고 아직도 모든 방향으로, 같은 속도로 팽창하고 있다. 1000억 개 정도의 은하가 우리 우주 안에 분포하고 있으며 공간의 팽창과 더불어 서로 멀어지고 있다. 각 은하 안에는 태양과 같이 스스로를 연소시키는 항성 1000억 개가 공간을 뒤틀며 자리잡고 있다. 아주 특별한 경우 각각의 항성과 적당한 거리에 존재하는 행성에 물이 존재할 수 있으며 또 아주 특별한 경우 생명이 움틀 수 있는 환경이 만들어진다. 그리고 더욱 특별한 경우, 탄소를 중심으로 결합한 유기물로 만들어진 우리와 같은 생명이 자란다. 칼 세이건은 『코스모스』의 첫장에 이렇게 적고 있다.

광대한 우주, 그리고 무한한 시간, 이 속에서 같은 행성, 같은 시대를 앤과 함께 살아가는 것을 기뻐하면서.

놀랄 만하지 않은가? 기뻐하지 않을 수 없지 않은가? 정말 무지막지하게 신비롭지 않은가? 하여간 지구상에 만발한 생명들이 최고의 행복한 시간을 구가하는 지금, 또 이 우주 어딘가에서 언젠가 나타나 행복을 누릴 다른 생명들에게 모든 우주의 상수는 초점을 맞추고 있다. 우주의 아주 작은 부분일지언정 생명이 스스로를 돌아보고 또 먼 곳으로 시선을 돌릴 줄 아는 의식이 태어난 지금, 바로 이 지금에 초점을 맞춘 상수들은 신비롭게 조절되어 있다. 많은 상수 중 하나라도 다른 값을 가졌다면 우주는 지금과는 아주 다른 모습을 하고 있었을 것이다.

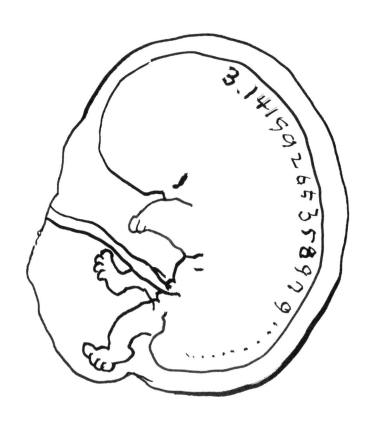

우주의 구조는 당신이라는 생명의 곡률을 향하고 있다.

우주에서 가장 맛있는 된장찌개가 우리 앞에 있는 것이다.

　반대의 시각도 존재한다. 많은 상수들이 무작위로 조합된 결과 중 하나가 현재의 우주라는 것이다. 우리는 무한대의 경우 가운데 하나로, 우연이라 불릴 만한 필연이라는 말이기도 하다. 당연히도 많은 경우의 다른 지금도 존재한다는 전제이다. 이것이 다른 우주이다. 이런 시각은 말한다. 우리가 우주의 지향점이라고 생각하는 앞서의 해석은 부모의 관심으로 성장하고 있는 아기가 스스로 세상의 중심이라고 생각하면서 부리는 투정과 같은 것이라고.

　답은 모른다. 그리고 다른 우주를 확인한다는 것은 우주적 영역 밖의 일이다. 다시 말하면 우리 의식의 한계 너머라는 말이다. 그러나 우주가 우리에게 관심을 가지는 것만큼 우리도 그에게 관심을 가져야 한다는 것은 자명하다.

4장

시간,
희미한
옛사랑의 지문

"그것은 마치 고독과 망각의 공간을 차지하고는
세월의 악함과 참새들의 장난으로부터도 초연한 채
태초부터 이 자리를 지키고 있었던 것처럼 보였다."

Gabriel Garcia Márquez

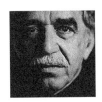

"시간은 존재와 존재하기 위한
조건 사이의 연결이 끊어지면 소멸한다."

Andrei Tarkovsky

시간과 마누라와의 관계

일설에 의하면 '마누라' 라는 단어는 '마눌' (산의 정상)이라는 말과 '하' 라는 극존칭형 어미(권위주의 시절에 대통령을 부르던 '각하' 라는 단어를 떠올리면 느낌이 온다.)가 결합되어 만들어진 말이라고 한다. 산의 정상을 바라며 무릎을 꿇고 최고의 경의를 표하는 호칭이다. 역사적으로도 왕후나 귀족의 부인을 칭하는 말이었다고 하니 요즘의 부인들은 남편이 혹 이리 부르더라도 크게 뿌듯해할 일이 아닐까?

　마누라가 있다. 마누라가 집에 있다. 마누라가 있는 집에 남편도 있다. 있어야 한다. 마누라가 있으면 물론 정신적으로 안정되어 심폐기능이 정상적으로 작동하지만(약간 긴장된 상태로!)

마누라가 있다는 사실 하나만으로 간혹 남자들은 많은 시공간을 포기한다. 저녁 시간을 함께 보내자는 친구의 전화를 적당한 핑계로 따돌려야 한다. 화기애애한 동창 모임도, 또, 또⋯⋯ 더 이상 자세하게 설명했다가는 내 심폐기능도 장담 못 한다. 시간이 있다. 가정이 있는 남자에게 시간이 있다, 라는 말은 또한 공허가 있다는 말이다. 원래 정상적인(?) 가정생활을 하는 남자에게 (개인)시간은 잘 주어지지 않는다. 그래서 시간이 있다는 말은 즉, 마누라가 집에 없다는 역설이기도 하다. 바로 그 순간 공허는 덮친다.

그렇게 자주 전화를 날리던, 그리고 가벼운 욕지기로 공처가를 저주하며 전화를 끊던 친구는 선약이 있고 공식적인 어떤 모임도 달력의 먼 곳에서 혀를 날름, 약 올리고 있다. 텔레비전도 몸값을 못 하고 모든 채널이 심드렁하다. 혼자 시간 나면 보려고 작정했던 영화는 제목이 떠오르지 않고 이럴 때 집에서 혼자 마시는 술은 쓰기만 하다. 말 그대로 공허가 쓰나미처럼 온 존재를 덮친다.

따라서 다음과 같은 결론을 내릴 수 있다. 시간과 마누라는 지렛대의 다른 쪽이다. 다른 말로 적대적 보완관계이다. 내가 올라가야 상대가 내려가지만 상대 없이는 나를 지지해줄 이 또한 없다. 아니다. 가정을 가진 남자에게 시간이란 마누라가 집에 있을 때만 떠도는 환영이다.

시간과 소비

우리가 일상에서 쓰는 시간과 관련된 말맥들을 들춰보면 주로 소유의 형태를 가지고 있다. 시간이 있다, 없다, 모자란다, 남아돈다, 돌려달라, 쪼갤 수가 없다, 등등. 이런 소유의 형태는 바로 소비의 모양으로 바뀐다. 사용할 계획을 세워라, 아껴 써라, 얼마 남지 않았다, 빨리 없어진다, 등은 일상에서 흔히 듣는 말이다. 이제 이런 무서운 명령구의 목적어 자리에 시간이 아닌 돈이라는 단어를 집어넣어도 전혀 이상하지 않다. 오히려 돈이라는 단어를 쓰고 싶지만 품격을 고려해서 슬쩍 시간이라는 말로 바꾸어놓은 듯하다. 이 어설픈 삼단논법의 결론은 당연하게도 그리고 익숙한 '시간은 돈이다' 라는 명언(?)이다.

이렇게 유통되는 시간이라는 말에는 바로 한정된 원자재의 개념이 강하다. 우리는 시간을 효율적으로 사용해야 할 무엇으로 교육받고 강제받아왔다. 이런 시각의 원천은 불 보듯 뻔하다. 자본주의가 상품화하는 영역이 이미 인간의 노동 생산품을 넘어 인간 자체를 상품으로 보기 시작한 지 오래이기 때문이

현실은 여러 얼굴을 가지고 있다.
아니 현실은 여러 가지로 해석될 뿐이다.

다. 짧은 시간 안에 스스로를 비싼 상품으로 만들어야 한다는 강박이다. 이런 사회체제에 길들여진 사람들은 아무런 비판 없이 스스로의 상품가치를 높이려고 자신을 사회가 요구하는 형태로 맞추기 시작한다. 초를 다투며 쏟아지는 신상품의 포장지 안에 자신을 재단하려는 시도이다. 시간마저도 돈으로 측량하는 사회 안에서 우리는 모두 발전강박증에 시달리고 있다. 강박증을 달구는 채찍으로 시간이라는 말이 사용되고 있는 것이다.

시간은 정말 모두가 공평하게 배급받은 소비재인가? 이런 문제는 각자의 세계관과 사회를 바라보는 눈에 따라 달라질 것이고 누군가가 가타부타 말하는 일이 오히려 관심을 떨치는 결과를 낳을 수 있다. 그러나 우리가 시간을 어떤 물질적, 사회적 재화를 만들어내기 위한 원자재쯤으로 보는 시각에, 백번 양보한다 해도, 시간이 무엇을 위해 존재하느냐는 문제를 곱씹어보는 일은 중요하다. 다른 말로 바꾸면 바로 인생관이자 세계관이라는 줄기에 가닿기 때문이다. 시간은 무엇이며 어떻게 바라봐야 하는가? 그 시작은 이렇다.

오래된 미신

16일에 허리띠가 끊어지자 14일에 몸이 1미터 위로 떠올랐다 그렇게 걸어다녔다 어제는 다가올 사건 때문에 머리에 난 혹이 몸 보고 혹이라며 구시렁거렸다 그 알아들을 수 없는 잔소리로 편두통이 과거에 눌러앉았다 몸이 앓기 시작하자 혹은 허리띠 위로 걷는 데 익숙해졌다며 좋아라 했다 어제 오전이나 오후였나 싶다

감당하기 어려운 취기를 떨치려 술을 한잔 더 했고 술이 취하기 시작하자 내가 땅에 발을 딛고 있었다 걷기가 어색해 전철 안에서 천 원짜리 허리띠를 하나 샀다 혀로 구두를 닦던 외판원은 내 떠다니는 걸음걸이 때문에 허리띠가 끊어질지도 모른다고 귀띔하며 애프터서비스는 띠가 끊어지기 전에 받으라고 윽박질렀다 아침에 아내는 왜 자기 허리띠 둘을 감쪽같이 붙여놨냐고 둥둥 떠다니며 말했고 10일에 통장에서 빠져나갈 도시가스비가 아직도 영수증은 오지 않고 장기 체납으로 인한 공급중단 통보는 9일에 도착할 예정이라고 15일자 신문에 전면 광고가 있었다 오늘의 신문이 내일의 신문을 만들지만 어제의 신문이 어떻게 만들어지는지 책임지지 못합니다 환불은 항상 어제만 가능합니다, 라고 오토바이가 넘어지자 바람이 불었고 바닥에 샌 가솔린을 정제하여 만든 폐유가 잉크로 버려져 지껄였다 오늘 오후에 느낄 내일은 어제 같기도 하고 오늘 같기도 하다고

우리는 모두 인과의 그물 안에서 살고 있다. 우주에서 일어나는 모든 사건과 그 원인들 그리고 사건이 만드는 새로운 결과들이 단순히 시간의 순서에 따른 직선적이고 획일적인 인과관계라고는 믿을 수 없었다. 현대과학은 시간의 비밀을 발굴하고 있고 물가에 어른거리는 비밀의 옷자락은 좀더 풍부한 가능성을 암시하고 있다. 모노레일처럼 시간의 순서를 따르는 인과만이 아니라 우리가 얹혀 있고 우리를 규정하는 그물은 좀더 풍성하고 자유로운 연결이리라는 믿음이 만든 시이다.

시간의 몰락

아인슈타인 이전까지, 그러니까 뉴턴이 발명했던 시간과 공간에 대한 개념이 자연의 법칙으로 군림할 동안에는 '절대'라는 말이 지배했다. 절대공간! 절대시간! 공간은 모든 사건이 일어나는 무대로 꼼짝 않고 거기 그대로 있는 것이었다. 당신이 처음 자전거를 배우다가 무릎이 까진 그 골목은 무릎에 난 상처가 아무는 것과는 상관없이 항상 거기 그대로 있는 것이었다. 어릴 적 올려다보던 아버지의 권위와 능력은 시간에도 녹슬지 않는, 말 그대로 절대적이었다. 우주 안을 꽉 채운 공간이라는 무엇은 커지지도 작아지지도, 뒤틀리거나 휘어지지도 않는 절대적으로 평평한 배경이었다.

시간 또한 절대시간이었다. 뉴턴은 "시간은 다른 무엇에도 의존하지 않은 채 스스로 존재하며, 외부의 어떤 기준에도 상관없이 항상 동일한 속도로 흐른다"고 했다. 미래가 다가와 잠시 현재를 만들고 바로 고정되어 과거라는 기억을 만드는, 항상 어디서나 같은 속도로 미래를 받아들이고 과거로 묻히는 그런 것이었다. 그리고 많은 사람에게 시간은 아직도 변함없이 일정한 속도로 미래를 향해 날아가는 화살이다.

이러한 가정은 역사적으로 인간에게 가장 익숙한 것이었다. 그러하기에 거부감 없이 받아들였으며 자연이 만들어 눈에 보여주는 현실을 설명하는 데 부족함이 없었다. 뉴턴 스스로도 '모든 사건의 배경이 되는 평평한 공간과 일정하게 흐르는 시간'에 대해 깊이 고민했으나 다른 결론을 내리지 못했다.

아인슈타인이 발명한 시공간을 보자. 시공간이란 한마디로 시간과 공간을 하나로 반죽한 물렁물렁한 덩어리이다. 이에 대한 정확한 비유는 아니지만 시간이 흐르면 당신이 처음 자전거 위에서 비틀거리던 골목은 변한다. 골목을 이루던 한옥들이 헐리고 좀더 많은 사람이 모여 살기에 유리한 다세대주택이 골목을 꽉 채웠을 것이다. 도로를 넓히기 위해 한쪽 집들이 헐렸을 수도 있고 아예 모든 추억의 공간은 사라지고 당신은 아파트가 만든 숲만을 멍하게 바라볼 수도 있다. 시간은 절대적 위엄을 한 명의 연약한 노인으로 만들었을 것이다. 시간은 공간을 바꾼다. 또한 공간의 굴곡에 따라 시간도 속도를 달리한다. 절대적으로 변하지 않는 것은 모든 것이 변한다는 사실뿐이다.

이제 시간은 시공간이라는 반죽을 이루는 하나의 요소로 추락했다. 시공간을 이루는 하나의 축으로의 시간을 바라보면서 시공간이라는 개념 안으로 좀더 깊이 들어간다.

시간이 흐르기는 하는가?

완도에서 제주도를 잇는 해저터널이 있다. 아니 있다고 가정한다. 그 터널은 길이뿐만 아니라 너비와 높이도, 그러니까 단면적도 충분히 크게 만들어져 있다. 이 터널을 시공간을 상징하는 모델로 생각하려 한다. 완도에서 터널로 들어가는 순간이 시공간의 시작이다. 그리고 목적지인 제주도 해안으로 올라올 때가 시공간의 끝이다. 시공간의 탄생은 바로 우주의 시작이고 시공간의 끝은 우주의 끝이다.

시공간을 이 터널에 비유하자면 차가 진행하는 방향이 시간축이다. 실제로 차는 3차원 공간을 달리지만 우리는 시공간을 이해하기 위해 하나의 위상 공간을 만드는 것이다. 따라서 터널의 진행 방향을 시간이 쌓이는 방향으로 잡는다. 또 터널을 수직으로 자른 단면은 우리가 살고 있는 3차원 공간이다. 4차원으로 이루어진 시공간을 3차원 공간에 사는 우리의 머리에 그리려면 한 차원 줄여야 하기 때문에 3차원 공간을 2차원의 단면으로 줄여 생각해야 한다.

이제 터널에서 겪는 당신의 한순간을 떠올린다. 차가 완도에서 20km 거리를 지나는 한순간, 차가 있는 곳을 자른 단면은 그 순간의 모든 3차원 공간을 축약해놓은 것이다. 바로 다음 단면은 다음 시간의 모든 3차원 공간을 나타내는 상징이다. 이것이 상대성 이론이 발견한 시공간의 도표이다. 이 도표를 이해한다면 시공간에 대한 이상한 결론을 따라갈 수밖에 없어진다.

당신 인생의 모토는 돌다리도 총체적인 안정성을 확인하고 건너는 것이다. 처음부터 유사시에 아무 대비책이 없는 수중터널이 꺼림칙했지만* 중요한 약속 탓에 현대 혹은 (미래)과학의

---

* 비유를 현실로 옮기자면 "우리 우주를 이루고 있는 시공간이 몹시 불안해 보였지만".

기술력을 믿기로 한 당신은 웅장한 규모의 터널 안에서 앞뒤의 모든 상황을 주시하며 규정 속도로 진행하고 있다. 그때 당신을 추월하려는 차 한 대가 추월선으로 다가와 천천히 당신의 옆을 지나고 있다. 우연히 바라본 옆 차의 운전자는 당신과 약속을 한 중요한 바이어가 아닌가? 무조건 그보다는 먼저 약속 장소에 도착해 있어야 한다는 절박함에 평소와 다르게 당신은 가속하기 시작했다. 두 대의 차는 뜻하지 않게 속도 경쟁을 시작했다. 그런데 어느새 뒤쪽에서는 스포츠카 한 대가 바짝 붙어 둘 중 한 대는 빨리 비키라고 라이트를 깜빡이기 시작했다. 당신은 바이어만 이기면 되지만 이 상황을 아는지 모르는지 바이어의 차도 양보할 기색이 전혀 없어 보인다.

세 대의 차가 엉거주춤하게 레이스를 하고 있던 어느 순간 내비게이션은 기겁할 소식을 전했다. 터널의 출발지인 완도 부근에서 터널이 붕괴해 바닷물이 터널을 따라 빠른 속도로 밀려들고 있다는 청천벽력 같은 소식이었다. 이제 레이스는 생명을 건 무언가가 되었다. 이 절박한 상황을 정리해보기 위해 4차원 시공간 터널을 얇게 무 썰듯 시간대별로 잘라내어 본다.•

먼저 평온하게 주행하던 한 시간대를 잡아 시공간 한 장을 얇게 썰어본다. 제일 앞에서 정속으로 주행하던 당신과 뒤를 따르던 바이어, 그 뒤에서 속도를 올리고 있던 스포츠카, 붕괴되기 전의 온전한 터널이 함께 존재하던 한 시간대이다. 이 시간대의 공간을 시공간 터널에 옮기면 얇은 한 장의 시공 안에 모두 같이 존재한다. 서로 위치가 다른 차들은 이 한 장의 시공 평면에 위치가 다른 점으로 존재한다. 조금 뒤 다른 시간대를 골라 얇게 자르면 무너지기 시작한 터널과 나란히 달리는 두 대의 차, 그 뒤의 스포츠카가 각각 조금씩 다른 위치에 찍힌 점으로 보인다. 시공간에서 시간대를 자르면 그 표면에 모든 사건은 점으로 존재한다.

우리가 순간 다가왔다가 사라진다고 생각했던 시간이 시공간의 시각으로 바라봤을 때에는 4차원의 거대한 덩어리로 고정된다. 우주가 탄생하면서 만들어진 시공간의 덩어리 여기저기에 모든 사건은 하나의 점으로 고정되어 있는 것이다.

우리의 기억 안에만 존재한다고 느꼈던 첫사랑의 설렘과 쓰라림도, 아직 태어나지 않았다고 믿고 있는 손자가 깔깔거리며 웃는 모습도, 내 무덤 위를 지나는 찬바람도, 태양이 적색 거성

· 여기에는 서로 다른 동시同時에 대한 문제가 들어간다. 운동 상태에 따라 달라지는 시간의 속도 때문에 서로가 다르게 느끼는 동시는 절대적 시간이 어떻게 상대적으로 바뀌는지와 관련되어 중요한 문제이지만 이야기를 조금이라도 단순하게 진행하기 위해 여기서 이 문제는 접는다.

으로 몸을 부풀려 지구를 삼키는 사건도, 우리 우주가 소멸로 치닫는 어느 순간도 이 시공간 어딘가에 박혀 있는 하나의 점으로 존재한다.

우리 우주가 탄생부터 종말까지 굳어져 있는 하나의 시공간 덩어리라면? 오랜 고민 끝에 지금 당신이 내리는 중대한 결정은 이미 어느 시공간의 점으로 존재하고 있다는 말이다. 시간의 흐름이 환상이라면, 모든 것이(심지어 미래까지) 오래전부터 • 각자 거기 존재하고 있었던 사건의 하나라면 우리는 과연 무엇인가? 우리의 선택은? 우리의 인생은? 오랜 시간 함께 고민해야할 문제다. 시간 •• 나는 대로 많은 성인들을 다시 불러 모아 한잔 해야겠다.

상황이 이런데 우리는 왜 시간은 흐르고 있는 것이라고 느낄까? 우리가 느끼는 것은 현재뿐이다. 그리고 우리가 받는 자극이 기억으로 변하는 과정을 스스로 인식하고 있다. 그래서 과거에서 현재로 시간은 끊임없이 흘러왔다고 생각하지만 우리는 시공간의 어느 곳에서 매번 현재를 겪고 있을 뿐이다.

• 이 말조차 시간의 흐름을 인정하는 말이지만 달리 표현할 도리가 없다.
•• 시간이라는 단어를 일상에서의 쓰임을 벗어나 사용하기가 이렇게 힘들다.

현재라는 것은 우리가 자각하는 시공간의 어느 점이다. 어디에도 시간이 흐른다는 증거는 없다. 그래서 아인슈타인은 시간의 흐름은 인간의 불완전한 감각 때문에 생기는 일종의 환상이라고 생각했다. 진정한 실체는 시간의 흐름이 아니라 모든 시간대와 공간이 합쳐져 한꺼번에 존재하는 하나의 시공간이다.

이렇게 살짝 건드렸지만 아직 시간의 진정한 정체를 밝히려면 갈 길이 멀다. 어느 과학자는 이렇게 얘기했다.

"시간은 너무나도 미묘한 문제여서 우리가 그 속성을 이해하려면 앞으로도 많은 시간이 필요할 것이다."

아이러니 그 자체이다. 인생이 아이러니한 것도 시간의 자식이기 때문이다.

어느 쪽으로 가는가? 시간은…

우리가 경험하고 있다고 생각하는 시간은 방향을 가지고 있다. 미래를 향해 한쪽 방향으로만 흐른다. 공간은 방향성을 가지고 있지 않다. 공간 안에서 우리는 어느 방향으로든 움직일 수 있지만 시간 안에서 우리는 한쪽 방향밖에 가지고 있지 못하다. 이것은 사실인가? 그렇다면 왜 그런가? 너무나 당연해서 이상한 질문이라고 생각할지도 모른다. 그러나 너무나 당연해서 가장 근원적인 질문 중 하나이다.

시간에서 느끼는 방향의 출발은 예의 우리의 기억이다. 시간의 자취를 느끼게 하는 모든 것은 우리의 굳어진 기억이고 그것들이 순서를 가지고 있다는 믿음이다. 옛사랑은 과거에만 존재한다. 다가올 죽음에 대해서는 막연한 예측만이 있다. 우리가 다가올 시간에 대해 할 수 있는 모든 예측도 따지고 보면 기억에 기댄 것들이다. 시간은 우리의 기억에서 출발해 기억이 될 모든 가능성으로 열려 있다. 시간은 방향을 가지고 있는 것처럼 보인다.

많은 물리학자가 자연과 우주에 대한 수많은 법칙을 발견했고 그 법칙들을 수식으로 설명했다. 운동을 기술하거나 상태를 설명하는 많은 공식에 시간을 지칭하는 t라는 기호가 들어 있다. 그러나 이 모든 공식에 t 대신 −t를 넣어도 답은 똑같았다. 즉 자연을 기술하는 공식에서 과거와 미래가 완전히 대칭이었다. 물리학의 법칙들에는 시간의 방향이 존재하지 않는다는 결론이다. 달리 얘기하면 두 가지 방향, 미래로 향하는 시간과 과거로 향하는 시간 모두를 허용하고 있는 것이다.

이 말은 물리법칙은 필름을 거꾸로 돌려도 모두 자연스럽게 보인다는 말이다. 먼저 브라운 운동, 우리도 잘 알고 있는 이것

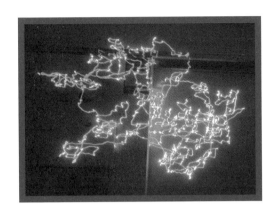

브라운 운동. 고요해 보이는 물의 표면도 사실은 물분자들이 엄청나게 충돌하고 있다는 것을 보여주는 운동이다. 즉 물체가 전체적으로는 움직이지 않는 평형 상태라도 물체를 이루는 미소입자는 열운동하고 있어서 다른 미소입자와 부딪치면서 병진운동을 하기 때문에 일어나는 현상이다.

은 고요해 보이는 물의 표면이 사실은 물분자들이 엄청나게 충돌하고 있다는 사실을 보여주는 운동이다. 물 한 잔을 따르고 조용한 곳에서 물을 진정시킨다. 그리고 그 위에 꽃가루를 떨어뜨리면 꽃가루는 미친 듯이 무작위의 운동을 시작한다. 모두 격렬하게 움직이는 물분자와의 충돌 때문이다. 이 운동을 촬영한 후 거꾸로 돌려도 전혀 이상하지 않다. 자유낙하 하는 물체의 영상을 거꾸로 돌리면 일정한 힘을 주어 위로 던져진 물체의 운동과 같다. 포병들은 아군에 떨어진 적 포탄의 흔적을 보고 바로 포를 쏘아 포탄을 발사한 적의 포진을 근사近似하게 맞춘다. 모든 운동은 근본적으로 시간에 대칭이기 때문에 가능하다. 우리는 지구의 자전과 공전 방향을 알고 있다. 그러나 우주에서 바라볼 때 우리가 가진 상식을 잊는다면 어느 쪽으로 회전하든 운동의 법칙을 위배하는 것으로 보이지는 않는다. 원칙적으로 모든 운동과 변화는 거꾸로 가는 시간의 방향도 금지하고 있지 않다.

그러나 우리 주변에서 보이는 많은 현상은 시간에 대해 대칭성을 가지고 있지 않다. 거꾸로 돌리면 우리의 감각이 거부감을 보인다. 자유낙하 하는 유리컵의 운동은 반대 방향으로 재연할 수 있지만 운동의 결과 조각난 유리컵은 자연스럽게 유리조각들이 모여 원래의 컵으로 되돌아가지 못한다. 폐차장에서

시간,
희미한
옛사랑의
지문

처참하게 짓이겨진 자동차가 스스로 원래의 모양을 회복하지 못하고 엎질러진 물이 알아서 컵 안에 모이지 않는다. 아이들은 흰 벽만 보면 낙서를 하고 허공으로 흩어진 사랑하는 이의 향기를 다시 모을 수 없다. 놓쳐버린 우리 인생의 수많은 기회들을 다시 만날 수 없으며 불쑥 닥치는 죽음이 만드는 일방통행 또한 그렇다. 우리 생은 대부분 돌이키지 못하는 사건들로 이루어져 있다. 많은 사람이 여기에 시간의 방향에 대한 열쇠가 있다고 생각하고 있다. 다름 아닌 엔트로피이다.

엔트로피는 주어진 물리계의 무질서한 정도, 즉 무질서도를 나타내는 양이다. 엔트로피가 크다는 것은 더 무질서하다는 말이다. 아이가 어린이집에 간 사이 엄마가 깨끗하게 정돈한 방은 엔트로피가 줄어들었다. 정돈이라는 질서가 생긴 것이다. 그러나 바로 다음 순간, 그러니까 아이가 집에 들어와 엄마와 가진 반가운 재회의 순간이 지나자마자 엔트로피는 곧바로 증가한다. 새로 산 차는 반드시 여기저기 긁히기 시작하고 타이어는 닳아간다. 엔진 소리는 점점 가릉거리고 에어컨도 시원찮아지며 연비도 떨어진다. 사랑의 열정도, 생에 집착하는 열의도 모두 식어간다. 지구의 자전 속도도 조금씩 느려지고 있으며 달도 지구로부터 조금씩 멀어지고 있다. 엔트로피는 항상 증가하기 때문이다. 그렇다, 우리 우주는 빅뱅 이후로 계속 엔트로피가 증가하는 방향으로 진행하고 있다. 이것이 열역학 제2법칙인 엔트로피 증가의 법칙이다. 질서 있는 것은 점점 무질서해지고 모여 있는 것은 흩어진다. 열은 점점 주변으로 확산되어 공간의 어둡고 깊은 바닥으로 가라앉는다.

모든 사건의 원인은 에너지의 흐름이다. 공기의 압력이 높은 곳이 있고 상대적으로 낮은 곳이 있기 때문에 바람이 생긴다. 우리가 지구상에서 누리는 모든 기상 현상은 이런 기압의 차이와 더불어 물이 있기 때문에 생기는 것이다. 우주 또한 에너지가 모이고 움직이며 흩어지는 과정이 전부라고 할 수 있다. 이런 에너지의 움직임이 사건이고 생명이며 의식이다.

우리 우주 안에서 뜨거운 곳과 차가운 곳이 없어지면서 에너지의 흐름이 없는 평형 상태에 이르면 아무런 변화도 운동도 곧 사라지고 만다. 이런 상태를 열적 죽음의 상태라고 한다. 우주의 죽음이기도 하다.

엔트로피의 법칙이란 질서에서 무질서로, 한쪽으로만 진행되는 법칙이다. 엔트로피는 우주가 죽음을 맞이할 때까지 계속 증가한다. 이것은 엔트로피가 증가하는 방향이 시간의 방향이라는 우주적 언질이다.

엔트로피를 위한 송시|Ode to Entropy

존 업다이크|John Updike

먼 훗날, 과연 사람들이 믿어줄까?

아마도 한 1070년 정도 시간이 흐르고 나면 모르지,

우리의 시야에는 보이지 않는

무한 우주를 가로질러서

서로 연결된 원자들을 형성하고자

전자와 양성자가 서로 궤도를 돌 것이라는 것,

'열 소멸'이 결국 득세할 것이라는 사실,

그리고 별들은 오랫동안 그들을 태워 쇠락에 이를 것이라는 사

실을.

엔트로피,

너 소멸의 낙인이여,

창조에의 저주.

모든 변화는 열을 분산시켜

다시는 합칠 수 없는 것들로 흩어버린다.

매번 식사와 각각의 미소,

잭과 질이 매번 우물까지 뜀박질 내기할 때마다

보물이 흩어지고 피어나는 흙먼지로부터

예전에 엮어낸 황금밀짚들이 떨어져 내리는구나.

밤하늘은 비잔티움의 쓰레기가 되어 불타올랐고,

새들의 고동치는 노랫소리도 언젠가 소모되고 말 비용이런가,

쏴 하며 밀려오고 밀려가는 조수도

내 손을 비추는 저 텅스텐 필라멘트도.

하나의 진입로를 지었지

우주가 재상승 못할지도 모른다는 가정에서.

우리 이 짧은 인생 동안

태양이 연료를 대고 달은 잠잠한 바다를 일으키며,

고속도로는 무임승차한 탄화수소로 진동한다.

이처럼 엄청나고도 분명한

불균등을 어떻게 측량할까,

마치 거대한 쓰레기더미에서 어쩌다가 버려지게 된

보석처럼 우리의 자아를 품고 있는 이 우주의 불균등을?

아니면 어여쁜 아가 윌리엄 왕자에다 비유할까,

그의 소용돌이진 콧구멍과 순진한 파란 눈동자에

이 제국과 이 모든 땅덩이를 이미 계승하게 되어 있는.

최후의 분산은 결국 기적을 부정하고 말 것인가?

미래의 예견되는 공허는 마치 흑판 위의 교육학적 문구처럼

정신의 거친 무명천.

당신은 알고 있었나?

우리 몸이 섭취하는 것의 5분의 4는

단지 화씨 98.9도라는 체온을 지키는 데 소모된다는 것을.

아니면 칼 바쓰가 죄수들에게 연설할 때마다

더 강한 신념을 위한 기도만이

결코 부정할 수 없는 유일한 기도라고 설파한 것을?

죽음은 자연의 어디에도 실제 존재하지 않는다,

새들의 정신에도 꽃들의 의식 속에도.

심지어 야생 송아지의 둔한 뇌와,

아가리를 쩍 벌리고 웃는 악어에 이르기까지,

그물 같은 숲속에도 거대한 바다 속에도 없다.

단지 우리의 예측과 공식에서만 존재할 뿐.

우리가 간과하였던 단 하나의 별에도 에너지는 충분하다,

미친 자들이 지금까지 가정한 모든 천상의 에너지를 공급하기에

비장함이 과해 보이는 이 시는 엔트로피가 가리키고 있는 죽

음의 평형 상태를 감정적으로 저주하고 있다. 시의 말미에서는 뭔가 작위적이고 자족적인 희망을 만들기 위해 목청에 잔뜩 힘을 주고 있다. 엔트로피는 우리 우주가 취하고 있는 예외 없는 (전체적으로 보았을 때) 행동 방식이다. 종교적으로 말하자면 신의 섭리인 것이다. 죽음이 생의 일부인 것처럼.

이 시인의 감정적 격앙에 대해서는 동의하기 어렵지만 서양에서 문학 하는 사람들이 가진 소재에 대한 열린 마음에 매력을 느낄 만하다. 금기를 만드는 일은 상상력의 부재를 실토하는 방법 중 하나일지도 모른다. 마음의 그물에 걸리면 과학적 사실이나 개념일지라도 주저 없이 자신을 투사하는 것이 진정 문학 하는 이가 가진 덕목이다. 문학은, 시는 자유이기 때문이다.

엔트로피의 골짜기에서 움튼 생명이라는 질서

엔트로피는 무조건 증가한다. 질서는 무조건 무질서해진다. 여기에서 불가피하게 우리는 한 의문과 맞닥뜨린다. 그렇다면 우리는 무엇인가? 고도로 조직화되어 있는 우리, 생명은 어떻게 탄생했는가? 고도의 질서 쪽으로 방향을 잡고 다양한 종으로 가지치기 해온 생명의 진화는 우주 법칙의 예외인가? 우리는 예외인가? 우리 자신에 대한 질문이다.

사실 자신에 대한 질문만큼 어려운 것도 드물다. 자신이라는 존재에 대해서는 무의식적으로 당연하게 생각한다. 나를 회의하고 의심할 수 있는 사람은 세상이 존재하는 이유에 대해서도 폭넓은 이해력을 가지고 있다. 가질 수밖에 없다. 우리는 어떻게 여기 있게 되었는가?

분명히 우리, 생명은, 생명이 탄생하는 과정은 그리고 생명이 하는 일은 엔트로피가 감소하는 과정이다. 그러면 엔트로피 증가라는 절대법칙을 따르는 우주에서 우리는 어떻게 탄생하였는가?

매몰차게 한 방향으로만(엔트로피가 증가하는) 치닫는 우리 우주에서 어떻게 생명이라는 질서가 싹틀 수 있었는지 답을 찾아가는 첫 번째 방문지는 중력이다. 우리 우주에 존재하는 힘은 네 가지이다. 이중에 일상에서 우리가 느낄 수 있으며 멀리까지 작용하는 힘은 전자기력과 중력 두 가지이다. 엔트로피가 줄어드는 별난 무대에서 중력이 중요한 역할을 하는 이유는 잡아당기는 방향으로만 힘이 작용하기 때문이다. 전자기력은 중력과는 비교할 수 없이 강하지만 힘이 작용하는 방식이 다르다. 때론 밀치고 때론 잡아당기기 때문이다.

중력은 질량 있는 것들끼리 서로 잡아당기는 힘이다. 질량이

뭉친다. 중력은 더욱 강해진다. 더 많은 질량을 잡아당긴다. 커진 질량은 더 큰 힘을 가진다. 흩어져 있는 것들이 모이기 시작한다. 모인 질량은 계속 다른 흩어진 것들을 부른다. 엔트로피 감소의 과정이다. 이렇게 점점 커지는 질량은 어느 시점이 되면 내부에서 점화가 일어난다. 불이 붙는 것이다. 엄청난 중력을 이기지 못하고 수소의 핵과 핵이 서로 엉겨붙어 헬륨으로 변하기 시작한다. 핵융합 반응이다.

인간관계에서도 이와 비슷한 경험이 있다. 아무 감정 없이 수많은 사람이 매일 스치고 지나간다. 같은 일터에서 일하는 사람들, 가게를 자주 들르는 사람들, 같은 버스정류장을 이용하는 사람들, 같은 공간을 점유하는 횟수가 증가하면서 자신도 모르게 관계가 쌓이고 있다. 그러다가 임계점에 이르러 핵융합이 폭발적으로 일어나듯 관계가 혁명적으로 발전하는 경우가 있다. 어떤 이들은 사랑을 시작하고, 친구가 만들어지며, 저주가 폭발하기도 한다. 관계가 쌓이는 일 또한 엔트로피 감소의 과정이다.

이제 항성이 가진 질량은 에너지로 변해 주변을 데우고 밝힌다. 수많은 전자기파*와 열을 공간으로 발산하기 시작한다. 다시 엔트로피가 증가하는 과정이다. 국소적으로 엔트로피는 감소했지만 전 우주적으로 보면 여전히 엔트로피는 증가하고 있다.

생명이라는 고도의 질서는 이렇게 국지적으로 엔트로피가 감소하는 과정이 그 발판을 만든다. 다음은 우리가 잘 아는 내용이다. 에너지를 뿜어주는 항성 근처, 너무 뜨겁지도 너무 차갑지도 않은 위치에 존재하는 행성이 있다. 물론 이 행성은 항성이 스스로를 태우면서 만든 많은 원소를 안에 품고 있다. 생명의 주축인 탄소와 산소를 비롯한 그 외 재료들이 그것이다. 이제 항성이 자신의 에너지로 자식인 행성을 적당한 온도로 데워준다. 물이 만들어지고 기상 현상이 일어나면서 번개도 때려준다. 무작정 기다린다. 단세포 생물이 번뜩 나타났다. 이제 일사천리다.

질서에서 탄생한 생명은 의식적으로 엔트로피를 낮추는 일을 하고 있다. 아이의 방을 치우는 엄마와 모래에서 유리컵을 만들어내는 일, 땅속을 뒤져 우라늄을 모아 핵연료를 만들고 인공위성을 쏘아 자신들이 세든 행성을 관찰하고 우주를 관찰하고 그리고 또다른 생명을 만들고 있다.

우리는 더욱 빠른 속도로 엔트로피를 증가시키고 있다. 지구

• 생명에 반드시 필요한 빛도 이 전자기파 중에 일부분이다.

를 파헤치고 파헤친 것을 남용해 결국 지구의 체온을 올리고 있으며 무자비하게 생명을 파괴하는 데 핵에너지를 사용하기도 한다. 더욱 긴밀하게 호응하는 생명들 사이의 관계를 만드는 것이 아니라 억압하고 비틀고 기형적인 것으로 몰아가고 있다. 그러나 우리 모두는 우주의 자식이다. 그 사실을 더욱 깊게 자각해야 한다.

우주는 무조건 엔트로피가 증가하는 방향으로 진행하고 있지만 국소적으로 감소의 과정이 일어난다. 우리가 볼 수 있는 우주 안의 질서들의 주역은 중력이다. 우주는 이렇게 생명의 과정도 포용하고 있지만 그 결과는 총 엔트로피의 증가이다.

엔트로피와 인간 세상의 불평등, 그리고 평화

평형 상태는 죽음의 상태이다. 집중된 곳이 있고 널널한 곳이 있어야 한다. 그래야 에너지의 흐름이 생기고 그 집중이 생명 활동의 원천이 될 수 있는 여건을 만든다. 이런 불균형은 자연의 기본 작동 방식이다. 엔트로피는 증가한다. 전체적으로 우주는 평형 상태를 향해 치닫고 있다.

기본적으로 우리는 불균형과 집중으로 점철된 삶을 살고 있다고 말할 수 있다. 생명은 그런 전제에서 탄생한 것이니 말이다. 질량은 더 큰 질량으로 뭉치고 거대한 자본은 절대 분산되지 않으며 더 큰 자본으로 재생산되어 사회를 더욱 경사가 급하고 굴곡진 곳으로 만든다. 자연이 만든 생태계를 보더라도 권력의 집중은 자연스럽다. 지구상의 인간사회 대부분을 지배하고 있는 자본주의 성장의 추세와 브레이크 없이 돌진하는 행태를 보면 우리가 꿈꾸는 이상사회, 모두가 인간으로서 행복하게 사는 세상에 대한 기대는 가히 절망적이다.

그러나 다시 한번 생각해보면 엔트로피의 법칙이 국소적으로 역행하며 소용돌이치는 곳이 우리의 고향이다. 생명은 거기서 태어났다. 생명은 역행의 자손이다. 인간이 가지고 있는 의식이라는 것은 거대한 엔트로피의 흐름, 죽음에 반하는 움직임이다. 이성이 있다. 우리의 이성을 만든 것 또한 우리 우주이다. 우리는 근원적으로 우주를 의식하고 있으며 이성은 도전할 줄 안다.

금기를 깨는 일이다. 엔트로피의 법칙을 깨는 일이 생명을 탄생시켰던 것처럼, 미미했던 중력이 어느 순간 다른 힘들을 이기고 우주를 지배할 수 있었던 것처럼, 우리 우주는 이 모든 것을 디자인했다. 생명도 이성을 무기로 역행할 수 있는 신념을 가진 우주적 존재로 디자인되었다.(단지 나만의 생각일까?)

생명은 역행의 자손이다. 인간이 가지고 있는 의식이라는 것은 거대한 엔트로피의 흐름, 죽음에 반하는 움직임
이다.

이성을 탄생시킨 우주는 생명이라고 부르는 질서에게 새로운 양질의 변화를 기대하고 있다. 본능적으로 알고 있는 사실이다. 우리는 시간의 조각들을 쌓아 만든 공간의 자식들이다. 죽음은 모든 생명에게 두려움이다. 그러나 인간은 생존이 절박한 곳에서도 스스로를 죽이고 있다. 이 외로운 우주의 변방에서도 스스로의 팔다리를 잘라내고 있다.

이제 생명이 만들어진 과정을 넘어서 새로운 상태가 필요하다. 집중을 해 무언가 창발하고 그다음 에너지 수준을 유지하는 일, 바로 평화라는 것이다.

우리가 내릴 수 있는 결론이 우리가 가진 한계이다. 137억 년 전에 터져나와 지금 지름이 137억 광년이 훨씬 넘는 우리 우주가 존재하는 이유는 생명 때문이다. 그리고 그것은 서로가 관찰하는 이성이다. 인간이 가질 수 있는 가장 큰 이성은 우주를 자각하고 그 안에서 자신을 찾는 이성이다. 서로 관찰하고 존재를 느낄 수 없다면 이 우주마저도 아무 이유 없는 것이 되고 만다. 평화는 그렇게 온다.

다시, 시간의 향방은?

시간이 많이 지났다. 그래서 서둘러 엔트로피가 증가하는 방향이 시간이 흐르는 방향이라고 단정하고 말 것인가? 열역학 제2법칙, 그러니까 엔트로피의 법칙은 뉴턴의 운동법칙에서 출발한 개념이다. 우리가 알고 있듯이 뉴턴의 운동법칙에는 시간의 방향이 없다. 미래로 가거나 과거로 가는, 이 두 방향을 구별하고 있지 않다. 전문가들의 논리에 따르면 미래로 진행하는 물리계의 엔트로피가 증가하는 것과 마찬가지로 시간이 과거로 진행한다 해도 엔트로피는 증가할 수 있다. 다만 확률적으로 판단할 수 있다는 것이다. 먼 길을 왔지만 제자리걸음이다. 시간의 방향을 단지 엔트로피의 흐름으로 정의할 수는 없다는 이야기이다.

이제 물리학자들의 시선은 시간의 방향에 대한 근원을 찾기 위해 초창기 우주의 모습인 빅뱅으로 향한다. 지금 우리 우주의 모습을 둘러보면 아직도 질서들로 가득 차 있다. 크게는 아름답고 개성적인 모양으로 서로 영향을 주고받는 은하들, 별들 사이에 팽팽한 긴장을 유지하면서 회전하고 있는 각각의 은하, 성단들, 공간에서 갖가지 색을 뿜내고 있는 성운들, 태양계와 같은 항성계들 그리고 행성들의 움직임. 우주를 이루고 있는 개체들의 이름을 부르는 순간 그것들은 모두 질서라는 의미를 말하고 있다. 그리고 더더욱 우주의 질서를 대변하고 있는 사실은 그것들이 모두 아름답다는 것이다. 아름다움이라는 단어는 스스로 고도의 질서 없이는 이루어지지 않는다.

그러나 우주는 앞으로 아름다움을 잃어갈 것이 확실하다. 무질서가 우주를 채우고 있다. 그렇다면 빅뱅은? 거슬러 올라가면 우주의 질서를 창조한 궁극적인 원천은 빅뱅이었다. 우주의 시작은, 그 근원은 초고도의 질서 그 자체였다고 말할 수 있다. 137억 년간 질서에서 무질서로 번져온 우주에 여전히 남아 있는 아름다움이 말해주는 것은, 우주는 그 시작이 바로 질서였다는 사실이다. 시간의 방향은 바로 우주의 시작이 결정했다.

시간의 속도

어릴 적 시간의 속도는 아주 느렸다. 아버지께서 큰맘 먹고 불러준 자장면을 기다리는 시간은 잘난 척 영원을 흉내 냈다. 소풍 전날 밤의 어두움은 아무리 자고 일어나도 가시지 않았다. 예방주사를 기다리는 긴 줄과 바늘이 살을 뚫고 들어오는 찰나의 시간은 흡사 꼼짝 않는 바위였다. 두 살 연상의 아름다운 누나의 나이를 따라잡을 작정이었지만 어찌된 일인지 내 시간이 더 천천히 가는 것 같았다.

흔히 나이가 들면서 시간의 속도는 점점 더 빨라진다고들 말한다. 언제나 잠이 모자란다. 밤이 짧아서이다. 겨우 어린이날 어버이날을 넘기자 바로 결혼기념일이고 다음은 부모님 생신이다. 시무식 끝나고 땀 한번 흘리고 났는데 종무식이 다가오고 있다. 아이 귀저기 갈기를 겨우 면하자 장가간다고 처자를 데리고 왔다. 어느새 귀여운 꼬맹이가 집으로 걸어 들어온다. 나를 할아버지라 부른다.

우리는 아인슈타인의 시공에서는 시간의 속도가 변한다는 사실을 알고 있지만 이미 오래전부터 시간의 가변성을 몸으로 느끼면서 살았던 셈이다. 유년기의 시간이 길게 느껴지는 것은 모든 상황이 처음이고 새롭기 때문이라고 한다. 기대도 많고 이것저것 관심도 많아 모든 걸 학수고대한다. 생리적 템포도 빠르다. 호흡도 빠르고 맥박도 빨라서 성인에 비해 단위 질량당 에너지 소비량이 월등히 높은 것도 그 때문이다.

반면 성인에게 모든 상황은 익숙하다. 새로움을 찾기 힘들다. 또 사건들은 주기적으로 찾아온다. 그리고 그 주기를 잘 알고 있다. 점점 무료해지고 같은 시간 안에 일어나는 새로운 사건들의 밀도는 낮아진다. 덕분에 시간은 점점 빨리 지나간다.

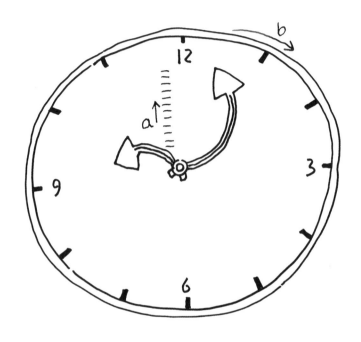

`아인슈타인의 시계'. 눈금 a는 공간상의 속도,
시계를 따라 돌아가는 눈금 b는 시간의 속도를 나타낸다.
시간은 상대적인 속도에 따라 다르게 간다.

뉴턴의 절대시간은 어디서나 똑같은 속도로 흘렀다. 그것은 관찰이나 실험의 결과가 아니었다. 똑같은 보폭의 시간과 평평한 공간은 뉴턴이 생각한 세계의 기준이었다. 이 기준 위에서 나머지 이야기를 전개해나간 것이다. 당연히 시간은 일정한 속도로 미래를 향해 질주하는 무엇이었다.

아인슈타인이 발명한 시공간 안에서 시간의 속도는 바로 빛의 속도이다. 시공간의 구조는 이렇다. 당신이 정지해 있다면• 당신의 시간은 빛의 속도로 미래를 향한다. 이제 당신이 서서히 움직이기 시작한다. 공간을 사용하기 시작했다. 시공간에서 시간만을 사용하다가 공간도 함께 사용하는 상태이다. 공간을 사용하는 만큼 시간의 분량은 줄어든다. 시간이 느려진다. 앞에서 얘기했던 감 따기를 떠올려보자. 감을 따던 막대기의 길이가 바로 빛의 속도이다. 막대기를 바닥에 놓았다가•• 끝을 잡고 허공을 향해 들기 시작했다. 점점 속도가 빨라진다. 시간은 더 느려진다. 속도가 빛의 속도에 가까워졌다면••• 시간은 거

• 상대성이론에 따르면 정지해 있는 물체와 등속으로 움직이고 있는 물체는 구별할 수 없다. 둘 다 공간을 사용하지 않는 상태이다.
•• 시간 성분만을 사용하는 정지 상태이다.
••• 우리가 가진 빛의 속도라는 막대기를 공간 쪽으로만 사용한다면.

의 정지하기에 이른다.

아인슈타인이 생각한 상대론적 시공간에서 기준이 되는 것은 빛의 속도이다. 달리 말한다면 빛의 속도를 일정하게 유지하기 위해서 공간이 줄어들거나 시간이 느리게 간다. 기준을 위해 시간과 공간이 서로 양보하는 꼴이다. 같은 현상의 다른 표현이기는 하지만 중력이 강한 곳에서도 시간은 느리게 간다. 이렇듯 기준이 달라짐에 따라 우주를 바라보는 시각도 유연하게 구부러진다. 시간의 속도는 의문 없이 거의 정의되었다.

세상은 다양한 해석의 여지를 남겨두고 있다. 과학의 시선으로 바라보는 우주 또한 인간의 이성이 여러 가지로 해석할 만한 여백으로 꽉 차 있다. 그리고 우리는 호기심이라는 연필을 쥐고 있다. 자유로운 정신으로 뭔가 써나가는 일이 남았다.

양자역학적 시간의 특성

양자역학의 관심 영역인 미시세계는 우리의 상식을 포기해야만 받아들일 수 있는 일들로 꽉 차 있다. 시간도 예외는 아니다. 미래와 현재와 과거가 긴밀하게 얽혀 있지만 우리가 알고 있듯이 시간이 순차적이지 않다. 미래의 결과에 의해 과거가 결정되기도 하고 현재라고 하는 시점에도 과거가 결정되어 있지 않다. 양자역학에서 현재는 '일어날 수 있는 모든 가능한 과거들의 합' 이라고 정의한다. 어떤 문학보다도 뛰어난 문학적 상상력인 데다 내용은 비과학적이기까지 하다.

당신이 신혼생활을 하고 있다고 하자. 한창 달콤할 시기이지만 당신과 결혼한 여자는 좀 이상한 성격의 소유자다. 연애할 때에는 그 이상함이 매력이었지만 결혼을 하고 나니 당혹스러울 때가 많다. 예를 들면 이런 식이다. 당신의 젊은 부인이 일하는 직장에서 출발해 집에 오는 길은 열 가지가 있다. 집까지 도착하는 데 걸리는 시간은 같다. 길들 중에는 여자 혼자 걷기에는 저어되는 으슥한 산길도 있고 시장통을 통과해오는 길도 있으며 공원을 가로지르는 길, 유흥가로 통하는 길, 차로 붐비는 길 등 길들이 고르지 못해 집에서 기다리는 당신은 걱정이 앞선다. 부인이 집에 도착했다. 당신은 묻는다. "어느 길로 왔어요?" 그러나 이상한 부인은 당최 입을 열지 않는다. 당신은 부인의 곁으로 다가가 정보를 수집한다. 벗어놓은 겉옷에서는 시장통을 지날 때 묻은 여러 음식 냄새가 나기도 한다. 산길에서 묻은 나무 냄새도 배어 있다. 여기에 모든 도로의 교통 상태도 잘 알고 있다. 그리고 무심결에 돌아서는 여자의 뒷모습을 보고는 까무러칠 뻔했다. 몸의 형태가 주기적으로 보였다 사라졌다 하는 것이 아닌가? 불가피하게도 당신은 '부인은 유령이 며 모든 길을 한꺼번에 지나왔다' 라는 결론밖에 내릴 수 없었 다. 첫 번째 가설, "여자의 현재는 가능한 모든 과거의 합이다."

당신은 궁금해졌다. 열 개의 길마다 아는 이들이 살고 있었 다. 이들에게 연락해보니 모두의 대답은 같았다. 아마도 본 것 같다는 것이다. 믿을 이는 아무도 없었다. 당신은 직접 확인하 기로 한다. 먼저 산길에 숨어서 부인이 지나는가를 확인하기로 했다. 시간이 되자 어스름이 내리는 산길에 정말 부인이 짠 하 고 나타나는 것이 아닌가? 그런데 이상한 점은 멀리서 다가온 다기보다는 당신이 기다리고 있다는 사실을 알고 있다는 듯 눈 앞에서 갑자기 나타나는 것처럼 보였다. 그리고 그날 나머지 아홉 개의 길에 있는 정보원들의 보고는 똑같았다. '오늘 당신 의 부인은 확실히 지나가지 않았다.' 그리고 당신이 길목을 지 킨 이후로는 유령처럼 사라졌다 나타났다 하는 현상이 없어졌 다는 것이다.

이런 이상한 결과는 당신이 다른 길에서 부인을 기다릴 때도 똑같이 나타났다. 부인은 마치 당신에게 보이기 위해 존재하는 듯했다. 아니 당신이 보려고 할 때만 존재하는 것 같았다. 무명 의 물리학자인 당신의 친구는 술자리에서 혼란스러운 마음으 로 고민을 털어놓는 당신에게 이렇게 말한다.

"여자는 유령이자 가능성이야. 네가 여자를 기다린다는 것은 가능한 과거 중 하나를 골라내는 거지. 여자의 과거는 여러 개가 동시에 같이 존재하는 거야. 네가 알려고만 하지 않는다면 말이야."

당신은 느낀다. 여자의 과거를 알려 하는 것처럼 불합리하고 스스로를 괴롭히는 일은 없다고. 당신의 집착은 스스로를 가만 두지 않았다. 당신은 부인이 사람인지 유령인지 그것만이라도 확인하고 싶어졌다. 거만한 물리학자 친구와 상의한 끝에 그가 개발한 장비를 사용하기로 마음먹었다. 그 장비는 사람인지 유령인지 판독하는 기능을 갖고 있다. 장비는 여자가 통과할 수 있는 문과 유령판독 장치로 구성된다. 이 문을 통과한 이후에는 사람이면 사람, 유령이면 유령, 이렇게 하나로 고정되어버리기 때문에 중간에 몸을 바꿀 수 없다. 그리고 1km가 지난 곳에 판독 장치를 설치하는 것이다. 당신은 집에서 기다린다. 장비가 부인이 사람인지 유령인지 판독한 결과는 부인이 집에 도착한 후에만 알 수 있었다. 그리고 나중에 안 사실이지만 이 장비는 주인을 닮아 제멋대로 작동을 했다. 꺼지고 켜지는 일을 마음대로 할 수 없는 것이다.

부인이 집에 들어왔다. 유령이었다. 몸이 맛 간 형광등처럼 점멸하고 있었다. 당신은 절망하며 친구에게 확인해보았더니

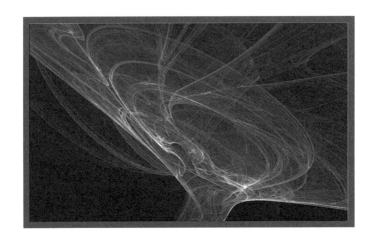

우주에서 최대 엔트로피를 자랑하는 곳은 단연 블랙홀이다. 최대한의 무질서를 품고 있는 대상이기 때문에 시공간의 죽음을 유추해볼 수 있는 곳이다.

장비가 꺼져 있다는 것이다. 다음 날 돌아온 부인은 사람이었다. 친구는 이렇게 말했다. 오늘은 장비가 잘 작동했으며 결과는 당신의 부인이 온전한 사람이라는 것이었다. 이런 결과는 매일 반복되었다. 판독 장치가 작동하면 사람, 작동하지 않으면 유령으로 집에 들어오는 것이다. 그런데 며칠 후 당신은 좀 이상하다는 생각이 들었다. 부인이 먼저 통과해야 하는 문이 마음에 걸렸다. 부인은 판독 장치 이전에 문을 통과해야 했다. 그때 이미 사람이든 유령이든 결정이 끝났어야 마땅했다. 그런데 어떻게 문을 한참 지나서야 만나는 판독 장치가 작동하는 날에는 사람, 작동하지 않는 날은 유령, 이렇게 100% 맞출 수는 없는 일이었다. 친구는 결론을 내렸다. "과거가 선택을 해야 할 경우 현재가 조언을 해주었다." 현재의 상태가 과거를 바꾸었다는 얘기였다. 당신은 말도 안 되는 헛소리라며 친구를 몰아세웠지만 친구는 태연하기만 했다. "양자역학에서 이런 경우는 아주 흔한 일이야!"

이 사건에서 이상한 부인은 양자역학의 대상이다. 전자와 같은 미시세계의 입자를 대신한 역할이고 유령은 파동 상태, 사람은 입자 상태에 대입할 수 있다. 이 실험은 휠러의 '지연된 선택'이라는 실험으로 실제 검증 가능한 것이다. '지연된 선택'은 현재의 사건이 과거의 선택에 영향을 준다는 결론을 얻었지만 '양자 지우개'라는 실험은 과거가 현재에 미치는 영향을 지우기도 한다.

양자역학을 관통하는 일련의 실험들이 보여주는 결과는 많은 사건이 시간과 공간을 초월해 얽혀 있음을 말해준다. 아마도 이런 얽힘 때문에 미시세계에서 작동하는 시간의 행동이 우리가 일상에서 느끼는 일방적인 시간과는 다르게 움직이는 것이다. 양자역학의 방정식 또한 앞으로 가는 시간과 과거로 가는 시간을 구별하지 않는다. 그러나 관측에 의해 붕괴된 파동함수는 전 상태로 돌아가지 못한다. 관측에 의해 입자로 모습을 드러낸 대상은 다시 파동의 성질로 돌아가지 않는다는 말이다. 이 사실이 양자역학의 세계에서 찾을 수 있는 시간의 방향에 대한 힌트이다.

휠러는 "시간은 자연이 모든 사물의 변화를 기록하기 위해 채택한 방법이다"라고 했다. 현재에서 바라보는 과거와 미래가 같다면 변화란 있을 수 없다. 우리가 시간을 느낀다는 자체가 시간의 변화를 기록하고 있다는 사실이다. 너무 괘념치 말고 당신은 이상한 부인을 계속 사랑하라.

죽음이란 시공이 사라지는 것이다. 우주의 붕괴다. 시공간은 빅뱅과 함께 탄생했다. 죽음은 우주가 다시 한 점으로 쪼그라들어 마지막을 맞이하는 종말과 영원히 팽창하면서 완전하게 식어버리는 끝, 두 가지가 있다. 이 둘의 경우 모두 시간은 사라진다. 첫째 경우는 시공간 자체가 소멸하는 것이며 두 번째는 그 어떤 질서도 에너지의 흐름도 사라지기 때문에 시공간이 아무 의미를 지니지 않게 된다. 그러나 안심하자. 이 두 경우 모두 수백억 년 안에는 일어나지 않는다. 걱정을 하려거든 당장 인간에 의해 파괴되고 있는 지구에 관심을 가지는 것이 시기적으로 적절하고 올바른 걱정이다.

　우주에서 최대 엔트로피를 자랑하는 곳은 단연 블랙홀이다. 최대한의 무질서를 품고 있는 대상이기 때문에 시공간의 죽음을 유추해볼 수 있는 곳이다. 자, 이제 블랙홀에 가까이 간다. 다가갈수록 중력은 더욱 강해진다. 공간은 더욱 압축되면서 시간은 점점 느리게 가기 시작한다. 블랙홀로 떨어지는 속도는 점점 가속되어 사건의 지평선에 이르면 당신은 빛의 속도에 이른다. 이제 당신에게서 출발한 빛은 제자리에 머무르는 것처럼 보인다.

밖에서 당신의 친구가 당신이 블랙홀에 다가가는 모습을 본다면 당신은 점점 천천히 블랙홀에 다가가지만 영원히 도달하지 않는 것처럼 보인다. 당신은 순식간에 사건의 지평선을 넘어버리지만 당신의 친구는 당신과 영원히 작별만 하고 있을 것이다. 블랙홀에 가까워지면 시간은 천천히 흐르고 블랙홀의 표면에서 시간은 얼어붙는다.

이제 당신은 블랙홀의 경계선인 사건의 지평선을 넘어섰다. 그곳은 어떨까? 아무도 알 수 없다. 그러나 우리는 예상할 수 있다. 아주 작은 위치의 차이만 있어도 작용하는 중력의 차이가 어마어마해 시공간은 갈가리 찢어진다. 시간도 공간도 모두 사라지는 특이점만 당신을 기다리고 있다.

사건의 지평선을 넘어선 후에는 오로지 특이점을 향하는 방향만이 존재한다. 지금 우리가 살고 있는 시공간은 시간이 한쪽으로만 흐르는 대신 공간은 자유롭다. 모든 방향으로 이동이 가능한 공간이 우리의 공간이다. 그러나 사건의 지평선 안쪽에서는 공간에게 한쪽 방향만이 허락된다. 그렇다면 시간은? 시간의 일방성이 풀어질 것이라고 주장하는 학자들도 있다. 공간이 한쪽으로만 흐르는 대신 시간이 자유로워진다고? 정말 그렇다면 그것은 죽음이 아닐 수도 있다. 얼마나 시적인 상상력을 자극하는 예언인가?

"과학은 자연의 궁극적 신비를 결코 풀어내지 못할 것이다" 라고 말한 것은 다름 아닌 양자역학의 창시자 막스 플랑크이다. 스위스의 아마추어 과학자에 불과하던 알베르트 아인슈타인을 발굴한 사람이며, 독일 과학계의 수장으로 20세기 과학의 눈부신 성과의 한 원인이 되었다.

다시 시간을 바라보는 시간

시간은 왜 존재하는가? 시간은 나와 어떤 관계인가? 시간은 인생의 기록 이상은 아닌가? 시간은 스스로 독립적인 가치를 지니고 있는가?

답은 모른다. 아니 이런 질문 자체가 인간의 좁고 얕은 시선 때문에 생긴 우문愚問일 수 있다. 그러나 시간을 돌아보는 일은 나를 돌아보는 일이다. 지금의 나만이 아닌 시간축에 존재하는 모든 나를 돌아보는 일이자 경외가 가득한 눈으로 우주의 역사를 돌아보는 일이기도 하다.

과학은 자연의 궁극적 신비를 결코 풀지 못할 것이다. 자연을 탐구하다보면 자연의 일부인 자기 자신을 탐구해야 할 시점이 반드시 찾아오기 때문이다.

양자역학의 포문을 연 막스 플랑크의 말이다. 우주는 나 자신에 투영되어 있다. 시간 역시 나에게 또 당신에게 자신의 모습을 고스란히 투영하고 있다. 이 무겁고 감당하기 어려운 질문 역시 나는 무엇인가? 라는 질문으로 환원된다.

나는 결론을 내린다. 시간은 즐겨야 하는 무엇이다. 현실적 성공이라는 작은 목표를 이루기 위해 아끼고 아껴 소비하는 원자재는 아니다. 절망이라는 하수구로 쓸려나가는 폐수는 더더욱 아니다. 시간이 환영이든 시공간의 잘라진 단면이든 우리는 시공이라는 바다 안에 태어난 존재이다. 바다에서 살아가는 생물들이 바다의 안과 밖에서 물결과 파도에 몸을 맡기고 생명을 즐기듯 시간은 우리가 누리고 즐겨야 하는 그 무엇이다.

5장

대칭,
모든 것의
보이지 않는 배후

"모든 진리는 아름다우며 또한 아름다움을 추구한다.
그러나 그 아름다움이 현존한다면 그곳은 현실의 땅이 아니다."

김병호

"이 사람을 나라고 해도 좋고, 내가 아니라 해도 좋다.
나라고 해도 나고 내가 아니라 해도 나다.
나이고 나 아닌 것 사이에 나라고 할 것이 없다."

추사 김정희

아름다움으로 가는 길

모든 갈등은 욕망의 충돌이다. 반대로 두 개의 욕망이 같은 곳을 바라볼 때 다가오는 행복은 우리가 만날 수 있는 행복 중에서도 아주 상위 등급에 속한다. 연애가 사람을 달뜨게 하는 이유는 바로 서로를 욕망하기 때문이다. 이 에로스라는 욕망의 행위는 같은 크기와 강도로 서로를 향하고 있으며 방향만 반대이다. 말하자면 정확하게 좌우대칭이다. 물론 이런 이상적인 균형은 얼마 가지 못한다. 이 팽팽한 균형은 곧 깨지며(대부분의 경우) 상대를 통해 작동하는 욕망은 그 초점이 이동하거나 범위가 달라지는 변화를 겪는다. 갈등의 싹이 움트는 지점이다.

우리는 이런 상태를 제정신으로 돌아왔다, 현실을 깨달았다,

생활의 힘이다, 등등의 표현을 사용한다. 물론 순수하게 욕망으로 탄생한 관계가 현실과 유기적으로 반응하기 시작하면서 세상에 안착하는 과정이다. 그러나 이런 욕망의 어긋남을 보면서 안쓰러움보다는 통쾌함이 앞서는 건 나뿐일까? 아마도 내 욕망은 이런 것인가 보다. '나만 찌질한 건 아니야!' 어릴 적 항상 깨끗하게 차려입고 다니던 부잣집 아이가 실수로 진창에 넘어졌을 때 그 광경을 바라보며 느끼는 이중적인 기분과 스스로에 대한 위안. '나만 못된 건 아니야.'

다시 모든 갈등은 욕망의 충돌이다. 중간고사를 며칠 앞둔 초등학생 딸아이와 보내는 일요일 오전. 많은 이들에게 일요일은 쉬는 날이다. 쉰다는 것은 노동을 전제로 한다. 원칙적으로 노동은 인간의 자아를 실현하는 가장 중요한 활동이다. 그러나 아직 많은 노동은 고단한 생존과의 사투 이상으로 진전하지 못하고 있다. 그렇기 때문에 일요일은 자신을 돌아보는 날이 아닌 싸움을 쉬는 날이다. 그러나,

"공부하기 싫으면 하지 마! 공부가 중요한 게 아니라 자세가 중요한 거야, 인생을 살아나가는 자세 말이야!"

남자의 집에서는 격렬한 싸움의 날이었다. 딸아이의 손에는 '과학'이라는 제목의 교과서가 들려 있지만 몸은 바닥에 비스듬하게 누워 있다. 마치 잠을 청하기 위해서 가벼운 읽을거리

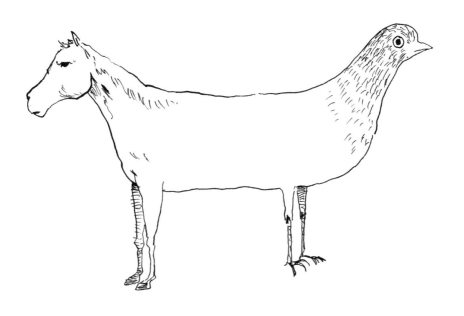

조작에 변하지 않는 것을 대칭이라고 한다.

를 찾아 든 한량의 폼이다.

"한다구. 하고 있잖아."

말로는 자세 운운하고 있지만 엄마가 감추지 못하는 분노에는 아이가 커서 가지게 될 사회적 위치에 대한 욕망이 여기저기 묻어 있다. 엄마에게 적잖이 세뇌당한 아이도 시험은 잘 보고 싶다는, 이식된 욕망이 작동하기는 하지만 나른한 일요일 오전, 바라는 만큼 충분히 누리지 못한 늦잠 때문에 앙탈 부리는 몸의 욕망에는 미치지 못한다. 갈등의 국지전이다.

사실 우리가 살고 있는 생활의 터전들은 모두 욕망들이 전면전을 치르고 있는 곳이라 할 수 있다. 세 명으로 구성된 가정이 이럴진대 직장이나 사회적 활동이 이루어지는 곳은 말할 필요도 없다.

과학자들에게 있어서 갈등 상태는 전자의 들뜬 상태와 같다. 에너지의 과잉 상태이며 통제할 수 없는 고엔트로피 상태이다. 과학자들이 하는 일은 숨겨진 질서의 줄거리를 찾아가는 것이다. 전자electron도 정신없이 고에너지 상태로 들떴다가 다시 저에너지 궤도로 떨어질 때 자신의 과거를 실토한다. 어디까지 올라갔다가 어디로 내려가는지 특정한 주파수로 전자기파를 토해냄으로써 자신의 행보를 말한다. 마치 친구끼리 싸우듯 언성을 높였던 엄마와 딸이 마른 오징어 한 조각씩 입에 물고 다

시 시시덕거리는 과정이다. 질서의 과정이다. 그 질서의 배경
에는 대칭對稱, Symmetry이 있다.

과학자들에게도 종교가 있다. 그 종교는 바로 '아름다움'이
다. 과학자들(특히 물리학자들)에게 아름다움은 수학적 조화이
며 명쾌함이다. 수학적 아름다움으로 표현되는 우주적 질서 뒤
에는 대칭이라는 큰 조화가 자리 잡고 있다. 과학자들은 대칭
을 통해 커다란 아름다움을 기술할 수 있고 대칭에서 벗어난
비대칭을 통해 현실을 설명할 수 있다고 믿는다. 과학자들이
가지는 대칭에 대한 욕망은 에로스의 수준을 뛰어넘는다 해도
지나친 말은 아니다. 그만큼 강력한 욕망이자 갈증이다. 그렇
다면 대칭은 무엇인가?

우리 안에서 찾는 대칭

대칭이란, 조금 추상적으로 들릴지 모르지만, 뭔가 변화가 일
어나도 구별할 수 없는 성질을 가리킨다. 먼저 모양의 대칭을
보자. 당구공은 표면에 찍힌 점이나 글씨를 지워버린다면 공을
어떻게 돌려놓아도 변화가 없다. 즉 구별할 수 없다. 모든 방향
으로 대칭이다. 럭비공과 같이 타원으로 이루어진 공을 떠올려

본다. 공의 긴 부분을 뚫고 지나는 축을 중심으로 돌리는 경우 우리는 변화를 감지할 수 없다. 그러나 다른 방향으로 돌린다면 금방 누군가 손을 댔다는 사실을 알 수 있다. 긴 축을 중심으로 회전에 대한 대칭을 가지고 있는 것이다. 숫자가 표시되지 않은 주사위는 위아래와 좌우로 직각만큼 돌리면 아무도 내가 손댔는지 알아차릴 수 없다. 결국 대칭은 우리가 똑같다고 볼 수 있는 기준에 대한 이야기이다.

사람을 포함한 플라나리아 이상의 고등생명은 대부분 좌우 대칭이다. 가운데 선을 기준으로 포개놓으면 거의 같은 모양이다. 우리가 가진 환경 안에서 가장 적당한 진화의 패턴이 좌우 대칭을 선호하고 있다고 볼 수 있다. 이런 좌우의 균형은 안정성을 높여준다. 그리고 대칭과 직각 방향으로 시작과 끝이 있기 때문에 감각을 수용하는 신경다발을 한쪽 끝으로 모으는 데 편리하다. 한쪽 끝으로 모아놓은 신경다발을 우리는 뇌라고 부른다.

뇌와 가까운 곳에 자극을 수용하는 기관들이 모여 있는 것은 자극을 빨리 수용하고 반응하는 일이 생존과 깊은 관련이 있기 때문일 것이다. 먹이가 있는 곳을 남보다 먼저 보아야 하며 냄새 맡아야 한다. 그리고 바람결 사이에 묻어 있는 천적의 발소리를 알아채고 방향을 감지해야 한다. 그래서 뇌는 가장 높은 곳을 선호한다. 이런 위아래 비대칭은 생명과 중력이 상호작용하여 얻은 결과물이다.

이런 유추는 키 큰 남자가 미인을 먼저 발견할 수는 있다는 결론으로 내닫는다. 그러나 키 큰 남자만 미인과 살 수 있다는 말은 아니다. 잘못하면 키 작은 남자의 부인은 모두 미인이 아니라는 이상한 결론에 이를 수 있고, 그랬다가는 나는 오늘 저녁에 밥을 못 얻어먹을 수도 있다. 오해는 배고프다.

옆에서 보았을 때 앞뒤가 대칭인 동물도 찾아볼 수 없다. 이는 운동과 관련이 있기 때문이다. 운동하는 동물들은 한쪽으로 빨리 운동할 수 있게 진화하였다. 운동의 방향성이 한쪽으로 몰려 있는 모양은 앞과 뒤로, 두 방향으로 빨리 운동할 필요는 없기 때문이다. 마음먹은 쪽으로 몸을 돌리면 어떤 방향도 '앞'이 된다.

성적표가 집에 도착할 것이라고 예측되는 날에는 하릴없이 동네를 배회하는 친구들이 많다. 그런 날이면 해는 유난히 천천히 기울고 뱃속은 너무나 빨리 비어갔다. 어슬녘, 멀리 보이는 대문은 어둠이 많이 지워놓아 형체를 알아보기 힘들다. '아버지는 들어오셨을까?' '엄마는 성적표를 보셨을까?' '저녁은 먹었을까?' 이 많은 고민을 머리가 아닌 발걸음이 하기 때문에 움직임은 무겁고 느릴 수밖에 없다. 그때, 대문 앞에 서 있는 뿌연 사람의 형체보다도 먼저 거꾸로 잡은 빗자루의 모양이 눈에 들어온다. 있는 힘껏 달린다. 그러나 우리는, 뒷걸음으로 전력질주할 필요는 없다. 먼저 몸을 돌리면 그만이다. 그러면 어느 방향이건 앞이 되고 빠르게 움직일 수 있다. 진화의 방향이다. 물론 게와 같은 예외도 있다. 그러나 맛있으니까 용서하자.

이와 비슷하게 예쁘면 모든 것을 용서할 수 있다는 말이 있다. 물론 외모 하나로 사람을 판단하려고 하는 가련한 지경의 생각이지만 어떤 경우에는 반대로 이런 외모지상주의를 비꼬는 언사로 들리기도 한다. 하지만 외모가 지향하는 것은 분명 존재한다. 외모는 대칭을 지향한다. 배우자를 찾는 이성에게 대칭에 가까운 외모는 성적으로 큰 매력을 풍긴다고 한다. 더욱 완벽한 대칭은 우수한 유전자를 가졌다는 증거로 해석된다는 것이다.

그러나 최근에 유행했던 대칭놀이를 떠올려보자. 완벽한 대칭으로 바꾸어놓은 사람의 얼굴은 뭔가 부자연스러우며 현실감이 떨어지는 모습으로 우스꽝스럽기까지 하다. 자세히 보면 사람의 팔과 다리는 많이 쓰는 쪽이 더 길다. 눈의 찢어진 정도와 눈꼬리가 오르내린 길이도 좌우가 조금 다르다. 동생의 코는 젊은 시절 주먹다짐으로 한쪽으로 틀어져 심한 비대칭의 모습을 띠고 있다. 환경의 변화가 용인되는 부분이다. 처음부터 비대칭이 필요한 경우도 있다. 남자의 고환은 서로 충돌을 방지하기 위해 한쪽이 더 아래로 처져 있으며 인간의 내장기관은 거의 대칭을 찾아볼 수 없다. 효율이 더 필요한 부분이기 때문이다.

화가들이 사람의 얼굴을 그리면서 개인의 특징을 잡아내는 방법은 왼쪽 얼굴과 오른쪽 얼굴의 차이를 찾아내는 것이라고 한다. 생명의 공통점은 전체적인 대칭의 틀에서 나오지만 개성이 자라는 곳은 조금씩 어긋난 비대칭이라는 말이다. 현실에서의 생동감도 이런 원리에서 나온다고 많은 예술가들이 이야기하고 있다. 우주의 운행 원리 또한 마찬가지다. 음과 양의 조화는 이들이 완벽한 대칭이어서가 아니다. 음과 양 또한 대칭의 틀을 가지고 있지만 이들은 역동적으로 서로를 보완하면서 운동하고 있다. 우리가 우주를 바라보면서 아름다움을 느끼는 이유는 대칭이라는 조화와 비대칭에서 생겨나는 운동이 우리 안에서도 작용하기 때문일 것이다.

이제 본격적으로 과학자들이 신봉하는 대칭 신의 모습과 교리 그리고 거기에 어떤 진리의 말씀과 아름다움이 있는지 능력 닿는 데까지 훑자.

대칭,
모든 것의
보이지 않는
배후

사랑량 불변의 법칙

대칭은 어떤 변화에도 불구하고 그 배경에서 그대로 있는 것을 말한다. 변화의 움직이지 않는 배경이다. 당신의 그림자가 쉬지 않고 움직이는 사이 꿈쩍 않고 서 있는 당신이다.

오랜 시간 동안 과학자들이 발견했고 또 쉼 없이 알아내려고 노력하는 우주의 법칙들을 찾아나가는 길은 먼저 변하는 요인들 뒤에서 듬직하게 변하지 않는 것들을 발견해야 한다. 이는 근본적인 대칭을 찾는 것이다. 다음으로 대칭 안에서 공통된 질서의 원리를 정리하는 과정이라고 할 수 있다.

이러한 발견의 원리를 일상에서 흔히 만나는 예로 풀어본다. 사랑이다. 사랑이라는 것이 시간에 대해 어떻게 변화하고 또 무엇이 변하지 않는지를 알아낸다면 우리는 사랑과 관련된 법칙 하나를 알아낼 수 있다. 아마도 사랑과 관련된 불변의 법칙이라 이름 붙일 수 있는 이것은 우리에게 매우 중요한 것일지언정 사이언스 지나 네이처 지 같은 유수의 잡지에 논문으로 올릴 수는 없다. 관심 영역이 다르기 때문이다. 그러나 우리가 인간에 대한, 인간들 사이의 관계에 대한 법칙을 알아낸 것은 우주의 법칙을 또 하나 알아낸 것이다. 인간이야말로 우주의 자식이기 때문이다. 하나의 인간 안에는 우리가 알고 있는 우주의 모든 법칙이 들어 있으며 우리가 아직 모르고 있는 운행의 원리 또한 품고 있다고 유추할 수 있다. 대단히 기계론적인 환원주의라고 여길지도 모르지만 홀로그램의 원리를 알면 어떻게 작은 부분이 전체를 품고 있는지 알 수 있다.

홀로그램은 두 개의 빛을 3차원의 물체에 쪼인 후 반사된 두 빛이 서로 간섭해 생긴 물결무늬를 2차원의 표면에 저장하는 방법이다. 이 표면에 다시 빛을 쪼이면 공간에 3차원 물체의 형상을 얻을 수 있다. 홀로그램을 이용해 돌아가신 할아버지의 모습을 저장해놓은 당신은 가끔 3차원으로 공간에 서 있는 할아버지를 만나곤 했다. 이 할아버지의 형상은 뒤로 돌아가면 뒷모습을 볼 수 있고 아래에서 바라보면 커다란 콧구멍을 볼 수도 있었다. 약간 현실감이 떨어지는 것 말고는 바로 앞에 할아버지가 있는 듯한 착각을 당신은 즐기곤 했다. 그런데 장난꾸러기 당신의 아들이 그만 홀로그램 디스크를 부러뜨려버렸다. 이제 당신은 할아버지를 만나지 못하는 것일까?

그렇지 않다. 반만 남은 디스크에 빛을 비추면 할아버지의 형상이 공간에 나타난다. 뿐만 아니라 형상이 반만 나온다거나 크기가 절반으로 준다거나 하는, 우려했던 일은 없다. 다만 전체적으로 농도, 그러니까 선명도가 흐려진다. 이런 과정은 또 잘라도 그리고 또 잘라도 계속된다. 정보는 그대로 있지만 강도가 엷어진다고 생각하면 크게 틀리지 않다. 이 사실은 작은 부분 안에 전체의 정보가 들어 있다는 사실을 말해주고 있다. 모든 부분 부분이 전체의 정보를 가지고 있으면서 이것들이 모여서 좀더 선명한 상을 만든다. 이런 원리는 기계론적 환원주의를 넘어서, 이 우주를 구성하는 부분과 전체가 어떻게 상호작용하는지 많은 힌트를 주고 있다. 또 많은 문학작품에서 볼 수 있는 인간에 대한 믿음, 인간이 세상을 대변한다는 믿음이 실제로 과학적 근거가 있다는 실증이라고도 할 수 있겠다.

다시 사랑의 법칙으로 돌아간다. 사랑은(일단 남녀 간의 사랑으로 한정하자. 그러나 어느 순간 이 사랑은 모든 사랑을 보듬는다.) 변하는가? 변한다, 물론. 길을 걸을 때면 항상 다가와 팔짱을 끼고 한 점 서로의 체온을 아껴주던 그런 갈증은 물론, 변한다. 드라마들이 사랑의 종착역으로 간주하는 결혼을 지나면 사랑 또한 달라진다. 서로의 체온을 부담스러워하기도 하고(꼭 여름이라서가 아니라) 기꺼이 감싸주었던 서로의 체취가 어느 순간 입 냄새나 발 냄새, 신체 각 부위의 몸 냄새라는 단어로 변한다. 그러나 사랑이라는 것이 우리가 생각하는 에로스, 서로의 몸에 대한 욕망과 서로의 정신에 대한 갈망에서 끝나는 것이 아님을 우리 모두는 알고 있다.

실제로 사랑은 관계의 굵기를 정의하는 단어이다. 그러니까 관계의 단면적에 대해 말하고 있다. 인간관계는 모두 그에 맞는 굵기의 끈으로 이어져 있다고 상상해보자. 두 사람이 그저 아는 사이로 지냈을 때에 끈의 굵기는 무척 가늘고 그 끈이 갖고 있는 장력도 작아 느슨한 상태이다. 이 둘이 서로에 대해 관심을 가지기 시작하는 일은 필연이다. 서로를 바라보는 시선이 뜨거워지기 시작하면서 관계의 단면적은 넓어져간다. 하루라도 안 만나면 잠이 오지 않는다. 결국 잠들기 직전이면 전화기는 귀에서 묻어나는 기름과 침으로 범벅이 된다. 그러나 점점 팽팽해지면서 굵어지던 끈은 어느 순간 양질변환을 일으킨다. 끈의 종류가 달라지는 기적을 겪는다. 무명실에서 나일론으로, 다시 강철로 변한다. 본격적으로 사랑이 발화하는 시점이다.

사랑

김수영

어둠 속에서도 불빛 속에서도 변치 않는
사랑을 배웠다 너로해서

그러나 너의 얼굴은

어둠에서 불빛으로 넘어가는

그 찰나刹那에 꺼졌다 살아났다

너의 얼굴은 그만큼 불안하다

번개처럼

번개처럼

금이 간 너의 얼굴은

어느 새벽 문득 잠이 깼다. 사방은 분간 못 할 어둠뿐이다. 어둠에 눈이 적응할 즈음 마른번개인지, 급히 지나는 차의 전조등인지 알 길 없지만 창은 한순간 번쩍인다. 방 안에는 뜻밖에 얼굴 하나가 있다. '너'이다. 불빛 때문에 잠시 살아났지만 아니 어둠 속에서 항상 거기 있었지만, 금이 간 얼굴로 거기 있었던 '너'는 항상 불안하다. 사랑은 불안하다. 모든 사랑은 불안하게 거기 있다.

사랑이 태어났다. 둘을 이어주는 관계의 굵기는 이미 규정치를 넘어섰다. 그리고 그 끈을 이루는 성분은 주로 서로의 정신과 몸에 대한 뜨거운 욕망이자 갈증이다. 모두가 알듯, 이런 높은 온도는 그리 오래가지 못한다. 극도의 열적 불균형 상태라고 할 수 있다. 시간이 지나면서 관계의 온도는 내려가고 색은 변한다. 점점 끈을 이루는 성분들이 변해가기 시작한다. 더 질겨져간다. 어느 순간부터인가 여자는 남편에게 식사를 챙겨주는 일은 잊어버리지만 아이들의 학원 일정과 간식은 반드시 챙긴다. 그리고 남편이 뿔날 만한 시점이 오면 툭, 한마디 던진다.

"뭐, 그런 거 가지고 그래? 다 이렇게 사는 거야."

몸에서 정신으로, 다시 이 둘이 합쳐지면서 믿음으로 그리고 생활이라는 큰 테두리로, 관계를 구성하는 다발의 성분은 계속 변해나간다. 그러나 변하지 않는 것이 있다. 관계의 굵기이다. 할아버지와 할머니가 서로에게 애정을 표시하는 방법은 물론 젊은 사람과는 다르지만 그들도 변하지 않는 관계의 굵기를 가지고 있다는 사실을 부정할 수는 없다. 변하지 않는 것! 이것이 대칭이다.

새로운 법칙의 탄생을 위해 이야기를 정리하면 이렇다. 시간이 흐름에 따라 많은 것이 변한다. 몸이 늙어가며 서로에 대한 감정도 시시때때로 변한다. 정신은 자신의 시야를 찾아다니고 거의 모든 것이 변한다. 누구는 이것을 사랑이 영원할 수 없다는 증거로 들이밀지만, 관계와 사랑을 정의하자면 관계의 단면적이 사랑이다. 변화하는 것은 감정일 뿐 단면적은 시간에 따라 변하지 않는다. 다만 그 굵기를 구성하는 실들의 색깔이 변할 뿐이다. 결과적으로 시간에 따라 변하지 않는 것은 관계의 굵기이다. 많은 경우에는 죽음 이후에도 둘의 관계는 이어진다.

이것을 물리적으로 사랑은 시간에 대해 대칭성을 가진다, 라고 말한다. 시간이 지나도 사랑은 변하지 않는다. 이렇듯 현상에서 대칭을 찾고 나면 그다음에 법칙이 나온다. 우리는 그것을 사랑량 보존의 법칙이라 부를 수 있다.

대칭 신神을 섬기는 방법

이제 과학자들이 찾는 대칭과 그 결과로 세상에 알려진 법칙들에 대해 이야기한다. 원리는 사랑에 대한 설명과 같다. 그러므로 가능한 짧게!

먼저 아침마다 당신이 올라가는 체중계는 큰 변화를 보이지 않는다. 전날 밤 과음으로 탈수증세가 심하다면 1kg 정도 줄었을 수 있다. 또는 하루가 다르게 불어나는 당신의 체중에 대한 책임을 마눌님의 훌륭한 음식 솜씨로 돌리는 무책임한 당신일지언정 지구가 당신에게 행사하는 중력을 탓하지는 못한다. 진정한 원인은 식사 후 리모컨을 손에 들고 스포츠뉴스를 섭렵하다가 잠이 드는 습관이다. 여하튼 미세한(당신의 전체 체중에 비해) 체중의 변화는 당신 탓이며 중력의 변화 때문은 아니라는 얘기다. 즉, 어제 중력이 작용하는 원리와 오늘 작용하는 원리는 같다. 또 어마어마한 돈을 들여(당장은 불가능하지만) 달에 여행을 갔다고 하더라도 우주 안에서 중력이 작용하는 원리는 달라지지 않는다. 달의 질량이 지구의 6분의 1이라 당신이 느끼는 힘의 크기가 6분의 1로 줄 뿐이다.

　이 사실을 물리학자 식으로 이야기하면 '시간의 변화에 대해 대칭성을 가진다'고 할 수 있다. 이 시간의 변화에 대한 대칭은 그 유명한 '에너지보존법칙'을 낳는다. 에너지보존법칙이란 이 우주 안에 존재하는 에너지는 새로 생겨나거나 없어지지 않는다는 말이다. 다만 존재하는 형식을 바꿀 뿐이다. 우리가 교과서에서 배웠듯 전기에너지와 운동에너지는 서로의 형태로 바뀔 수 있다. 발전소는 열(화력발전)이나 물의 위치에너지(수력발전)를 전기에너지로 바꾸는 곳이다. 전동기는 전기를 운동으로, 랜턴은 화학에너지를 빛으로 바꾸는 에너지 변환 장치이다. 이미 알고 있듯 에너지 또한 질량의 형태로 몸을 바꾸기도 한다(이 과정은 매우 일어나기 어렵다).

　물론 많은 에너지의 변환과정에서 에너지의 상당량이 사라지는 것으로 보일 수 있다. 주로 마찰에 의해서 사라지는 에너지는 낮은 수준의 열에너지 형태로 우주의 바닥에 가라앉는다. 이것은 인간이 사용할 방법이 없다. 이런 돌이킬 수 없는 에너지의 형태 변화는 엔트로피와 관련 있다. 우주가 가진 에너지의 총량은 변화가 없지만 우리가 사용할 수 있는 에너지의 양은 시간에 따라 줄어들고 있다. 모든 과소비는 죽음의 시간을 앞당기는 행동이다. 나를 빨리 소모하는 일은 인류 전체를 빨리 소비하는 가장 확실한 방법이다. 인류라는 단어를 형상으로 떠올리는 가장 좋은 방법은 옆에서 곤히 자고 있는 당신의 아이들을 바라보는 일이다.

미국 메이저리그에 진출한 우리 선수가 한 해를 마감하는 시리즈 마지막 경기에서 극적인 역전 홈런을 쳤다. 같은 날 국내 시리즈에서도 같은 홈런이 나왔다. 이 두 홈런은 질적으로 다른 홈런인가? 이 한 방으로 다음 시즌 선수가 받게 될 돈의 양은 달라질 것이다. 아마도 미국에 있는 선수의 연봉이 더 크게 올라갈 것이라 짐작은 가지만 그렇다고 해서 이 두 홈런은 질적으로 다를까? 물리적으로는 완전히 동일한 홈런이다. 우리나라나 미국이나 같은 중력의 법칙을 따르고 있기 때문에 이 두 홈런은 같은 운동이다.

이것은 공간의 이동에 대한 대칭이다. 200만 광년 멀리에 있는 안드로메다 리그(안드로메다은하 안에서 치러지는, 너무 유치한가?)에서 나오는 홈런 또한 같은 포물선을 그릴 것이다. 장소의 변화와 상관없이 운동의 법칙은 같다는 사실이다. 대칭을 찾았으니 이제 법칙 하나를 끌어내야 한다. 바로 '운동량보존법칙'이다. 운동량이란 운동하는 물체가 가지는 양으로, 질량과 속도의 곱으로 나타난다. 당신이 급하게 브레이크를 밟았을 때 얼마나 더 가서 서는지와 관련된 양이다. 결국 이 법칙도 운동량은 결코 새로 만들어지거나 없어지지 않는다는 말을 하고 있다.

또 하나, 우연하게 당신은 자신이 가장 싫어하는 야구팀의 구장을 설계하는 임무를 맡았다. 밥벌이이기 때문에 일단 설계는 멋지게 완성했지만 어떻게든 이 팀의 승리를 방해하고 싶었다. 그래서 생각한 아이디어가 구장의 방향을 돌려놓는 것이었다. 타석이 정확하게 남쪽을 향하게 하고 관중석의 높이를 대폭 낮추었다. 타자들의 시야를 방해하기 위해서다. 그 결과 이 구장에서 치러지는 시합은 많은 부분 투수전의 양상을 띠게 되었다. 물론 이런 변화는 있지만 구장의 방향을 바꾼다고 타구의 포물선이 변한다거나 투구의 거리를 바꾸는 등, 근본적인 운동에 변화를 주지는 못한다. 이것은 공간의 회전에 따라 운동이 변하지 않는다는 사실을 보여준다. 즉 '회전에 대한 대칭'이다. '각 운동량보존법칙'은 이 대칭에서 나온다.

꼬리를 물다

지면을 통과해 지하로 들어서는 과정은 1 다음에 바로 −1이다 0
은 없다 0은 아무것도 비유하지 않거나 태생이 무한 영역인 그
의 무게를 감당할 수 없어 인간이 슬그머니 치워버린 비유 주체
이다 0 자신은 '시작도 아니고 끝은 더욱 아니'라 했으니 어떤
과정의 전기轉機이다 그 전환은 0이 자신을 중심으로 대칭을 만
드는 일이다 1과 −1이 그렇고 나와 거울 안의 내가 그렇다 대칭
이란 방향 하나를 빼면 같음이다 1과 −1 사이에 0이 있다면 나
와 거울 안의 나 사이에 경계가 있다 현재라는 한순간 '나'는 일
시적으로 시공간을 점유하고 다른 '나'들과 똑같은 거리를 만들
기 위해 서로 진땀을 흘리고 있다 미분하여 정지된 이 찰나에
다른 사물과 교통하여 무엇을 희망할지 모르지만 찬바람은 날
카롭게 기억을 밀어낸다 물결이다 현실은 1이라는 순간부터 몸
서리친다 시공간에서 0을 중심으로 음陰은 반反현실이다 현실에
의해 만들어진 반현실이거나 현실을 만들어낸 모태로서의 반현
실이다 과거라는 시간이 그렇고 거울 안의 내가 그렇다 세상에
는 실재하지 않는 그림자로 세상과 서로 밀고 당기는 것이 있
어, 이 허상들과 실재하는 것들은 쌍을 이루고 그 쌍이 서로 소
멸해 무無가 되거나 무가 한 쌍의 신비한 대칭을 만들어내는 일

은 일상이다 일상의 힘이다 과거의 어느 날은 어느 현재와 만나
쌍소멸하고 거울 안과 나 사이에 드리워져 있는 0의 그림자는
문득 이 둘을 만들었다 내 의식의 반전상은 항상 자기 꼬리를
찾아 떠돌았다

상당히 오래전에 쓴 시이지만 어렴풋하게 대칭에 대한 감은
있었던 듯싶다. 젊은 날의 현실은 항상 암울했으며 그래서 반
현실을 찾아 헤맨다. 많은 입자들이 자신의 반입자를 만나 소
멸하는 모양이 마치 숭고한 종교적 의식으로 보이기도 했다.
음과 양이 서로를 휘돌아 새로운 변증법을 만들듯 자신을 먹어
서라도 사라지고 다시 태어나고 싶었다.

대칭 신이 현현하는 방법

이번에는 시공간timespace에 대칭인 무엇을 찾아가는 길이다. 시
공간이란 시간과 공간을 한데 버무려놓은 덩어리로 보는 시각
이다. 실제로 그렇다. 아인슈타인이 발명한 이 개념을 통해 바
라본 우주는 이전과는 다른 모습으로 다가온다. 시간이 공간으
로 몸을 바꾸기도 하고 공간이 시간 때문에 늘어나고 줄어든

다. 이렇게 복잡해진 시공간이라는 반죽에 대해서는 어떤 대칭을 찾을 수 있을까? 그 대답은 이미 우리에게 새로운 이야기는 아니다. 앞서 나눈 이야기를 주의 깊게 고민한 당신은 충분히 답을 찾을 수 있다.

그 전에, 우리가 생활하는 주변에서도 시간과 공간이 서로 몸을 바꾸는 변환의 예를 찾아볼 수 있다. 보는 시각에 따라 단순한 농담 같은 이야기일 수 있고 혹은 공간과 시간을 모두 사용하고 있는 우리라는 존재가 시공간이라는 현실에 대해 느끼고 있는 무의식의 표출일 수도 있다.

당신은 매일 아침 운동을 한다. 이미 40년을 훌쩍 넘긴 사용 기간을 생각하면 여기저기서 이상 징후를 보내고 있는 몸을 차라리 안쓰러운 시선으로 바라보아야 한다. 아랫배는 흡사 봉분이다. 위에서 내려다보면 딸아이를 뱃속에서 키우던 마눌님의 배가 떠오른다. 가끔 끝까지 달린 술자리는 뒷부분이 완전히 암흑이다. 그렇다고 갑자기 술을 끊을 자신은 없고 복부지방을 제거하는 수술을 받을 처지도 아니다. 돈 안 드는 운동이 마눌님의 선택이자 유일한 탈출구이다.

일단 매일 아침, 같은 시간에 집을 나선다. 인적 드문 산길을 걷는다. 도저히 뛸 자신은 없다. 한 10분 동안 찬바람에 몸서리치고 나면 그럭저럭 상쾌한 기분이 든다. 탁 트인 들판에 난 외길은 나름대로 호젓하다. 공간은 내가 사는 익숙한 그것이지만 다른 시간에 만나는 공간은 마치 새로운 곳을 접한 느낌이다. 덕분에 아침 밥맛은 좋아져서 두 그릇은 기본이다. 마눌님의 눈초리를 보니 긍정적인 신호는 아니다.

어느 날부터인가 아침 운동길에 같은 시간에 같은 자리에서 항상 마주치는 아가씨가 있다. 그 아가씨도 일정한 시간에 운동을 나와 당신과 반대 경로를 돈다. 당신에게는 나름 쏠쏠한 재미이다. 아가씨와 마주치는 시간은 꽤 정확하다. 당신이 5분 일찍 나가면 좀더 먼 장소에서, 늦으면 5분만큼 가까운 장소에서 만난다. 처음에 당신은 미모의 아가씨와의 마주침을 시간으로 계산한다. 그러나 이 상황이 익숙해지면서 마주침을 공간으로 계산하기 시작한다. 저만큼 일찍 왔네? 여기서 저만큼은 첫 번 건널목에서 개울을 건너는 다리까지의 거리이다. 다음 날은 이만큼 늦었네, 이다. 이만큼은 다리에서 마을버스 정류장까지이다. 익숙한 상황에서 당신은 시간의 차이를 공간으로 계산하기 시작했다. 그리고 그것은 상당히 편하고 뜻밖에 정확성을 가지고 있었다.

이런 느낌은 어느 순간 강렬하게 다가온다. 공간과 시간의 치환, 세상의 변환, 이런 것에 대해 우리 모두는 좀더 구체적이

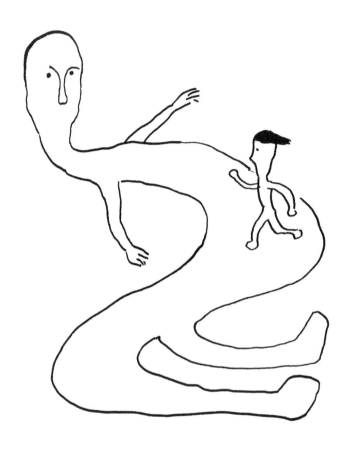

연기처럼 공허한 몸을 가진 모든 것을
시간이라고 할지도 모른다.

고 근원적인 경험을 가지고 있지만 쉽게 언어로 표현할 수 없다. 이렇게 느낌만 살아 있는 공백이 나와 세상의 틈이다. 이 부분에서 문학이 효과적으로 작동한다. 특히 시는 아무 논리적 단계 없이도 이 세상에서 저세상으로 도약할 수 있다. 우리가 느낌으로만 알고 있는 세상의 틈에 대해 읽는 이와 함께 공감하려는 목적으로 많은 은유와 비유를 사용한다. 은유와 비유 중에 공감각적 표현이라고 정의된 방법이 있다. 맛을 시각으로 비유한다거나 음악을 냄새로 바꾸어 말한다. 또 고통이나 통증을 색으로 표현할 수도 있다. 시를 쓰는 사람은 자기 멋대로 할 수 있다. 그러나 이것은 우리가 누릴 수 있는 자유 중에 아주 작은 부분에 해당된다. 그렇게 믿어야 시도 과학도 할 수 있다.

인간이 이런 공감각을 지니고 있다는 사실은 근원적으로 고정되지 않은 우주 자체의 표현일 수도 있다. 하여간 여기서 당신은 아픔이자 자유의 벽을 만난다. 트레이닝복의 아가씨는 아가씨일 뿐이다. 그는 다른 우주에 살고 있다. 그래야 한다. 우리가 마주친 어떤 시간이 아쉽지 않을까? 아마도 연기처럼 공허한 몸을 가진 모든 것을 시간이라고 할지도 모른다.

다시 시공간에 대한 대칭이 기다리고 있다. 시공간에 대해서는 앞에서 자세히 이야기를 나누었다. 시공간을 하나의 실체로 보자면 시간과 공간은 겉으로 드러나는 표현 형태이다. 우리는 상황에 따라 시간만을 느끼거나 공간만을 바라본다. 그리고 이 시간과 공간이 눈에 띄게 늘어나거나 줄어드는 것을 확인하려면 빛의 속도에 가까워져야 한다. 이런 속도에서는 시공간에서 공간을 많이 뽑아 쓰는 상황이다. 당연하게도 남아 있는 시공간은 별로 없다. 시간 성분이 작아진 것이다. 시간은 느리게 간다. 이러한 변환의 기준은 무엇일까? 여기에서도 무엇인가 기준이 있으니 하나가 늘어나는 만큼 다른 것은 줄어든다. 그 기준은?

당연히 빛의 속도이다. 감을 따는 막대기의 길이는 변하지 않는다. 단지 막대기를 세우는 각도에 따라 그림자의 길이가 달라질 뿐이다. 자, 다른 시각으로 바라보자. 시공간은 빛의 속도를 일정하게 유지하기 위해 이쪽으로 늘어났다가 저쪽 성분을 늘렸다가를 선택한다. 이제 시공간의 대칭에 대한 대답이 나왔다. 이 우주 안에서 어떻게 운동을 하고 있건 상관없이 빛의 속도는 일정하다. 다시, 모든 시공간에 대해 빛의 속도는 대칭성을 가진다. 이 대칭이 낳은 법칙은 '특수상대성이론' 이다.

일반상대성이론이 찾는 대칭성은 이보다 더 확장된다. 자세히 따져보면(사실은 아인슈타인이 따졌다.) 우리가 알고 있는 운동법칙이 달라지는 곳이 있다. 그곳은 목성도 아니고 안드로메다은하도 아니다. 바로 버스 안이나 기차 안 그리고 비행기 안이다.

자상한 아빠인 당신은 개구쟁이 아들과 버스에 올랐다. 오랜만에 아들과 단둘이 시외로 버스여행을 떠난 것이다. 시외로 나선 버스는 시원스레 달렸다. 처음에는 물론 신났다. 깊은 황금빛으로 염색한 들판은 절반만 삭발한 듯 재미있는 모습이었다. 시원한 가을바람은 잊고 살았던 것들을 확 일깨웠다. 떠밀려 나선 여행이지만 둘은 말 그대로 들떠 자리에 앉아 있을 수가 없었다. 그러나 자극은 금방 익숙해진다. 특히 아무 생각 없는 인간 수컷들은 1분 단위로 새로운 자극이 없으면 금방 사고칠 거리를 찾거나 잠든다. 둘은 공 던지기 놀이를 시작한다. 이 사회를 사는 성인 남자가 절대 해서는 안 되는 일이지만 갑자기 닥친 무료함의 무게는 이런 이성을 마비시키기에 충분했다.

버스는 한산했다. 당신은 왼쪽 창가 좌석에서 오른쪽 창가 좌석의 아들에게 공을 던진다. 물론 기사 아저씨의 눈치를 보는 일도 잊지 않았다. 버스는 쭉 뻗은 도로를 편안하게 달린다. 공은 익숙한 포물선을 그리면서 아들을 향해 날았다. 그리고 다시 그 익숙한 포물선으로 돌아왔다. 역시 몰래하는 장난이 재미있다고 느끼며 제2구를 던졌다. 그런데 이상한 일이 일어나고 말았다. 정확하게 아들을 향해 날아가던 공이 갑자기 왼쪽으로 휘면서 두어 칸 앞좌석으로 떨어졌다. 다행히 아무도 없었다. 공을 주워온 아들은 아빠에게 그것도 못 하냐는 시선과 함께 두 번째 송구를 날렸다. 그러나 그것도 날아오는 도중 뒤쪽으로 격하게 휘면서 그만 주무시던 아주머니의 이마에 정통으로 맞고 말았다. 일은 커졌다. 설명하기도 민망한 한바탕 소동이 지나가고 둘은 풀죽은 듯 앉아 있었다. 그러나 그렇다고 하던 일을 그만두면 대한민국에 사는 남자가 아니라는 생각이 왜 떠올랐는지, 둘은 그런 이유에는 관심이 없었다.

더욱 조심스러워진 세 번째 피칭은 일단 전과 같이 부드러운 곡선을 그리면서 솟아올랐다. 그러나 그다음 순간, 부드럽게 아래로 곡선을 그려야 할 공은 거의 직선으로 운동하면서 빠른 속도로 아들의 머리 위 유리창에 부딪히고 말았다. 버스 안 모든 사람의 성난 시선이 사그라지는 데 10분이 걸렸다. 마지막으로 날린 아들의 송구는 포물선을 그리며 올라갔다가 부메랑처럼 다시 아들 쪽으로 되돌아가고 말았다. 이런 운동은 우리 우주에서는 일어날 수 없는 운동 방식이었다. 버스 안에 호그와트에서 출장 나온 마법사가 있지 않고서는 절대 일어날 수 없는 일이 벌어진 것이다. 결국 당신과 아들은 우리 우주에서 어떻게 이런 운동이 일어났지, 라는 깊은 고민을 버스에서 쫓거나 들판을 걸으며 해야 했다.

이 전 우주적 미스터리의 해답은 영민한 당신의 아들이 그 실마리를 찾아냈다. 바로 자신들을 버리고 매몰차게 떠나는 버스의 움직임에 주목한 것이다. 정지해 있는 당신과 아들 그리고 가속하며 떠나는 버스.

우리 우주 안에서 등속운동과 정지 상태를 구분할 방법은 없다. 이 둘은 어떤 힘도 받고 있지 않는 동일한 상태라는 얘기다. 당신이 어떤 힘도 작용하지 않는 검은 방 안에 있다고 하자. 말 그대로 주변을 분간할 수 없는 공중에 떠 있는데(지구상에서는 이런 환경을 만들 수 없지만) 당신의 아들이 공간에 떠서 일정한 속도로 당신을 지나쳤다. 당신은 아들에게 이 시간에 어디 가냐고 소리쳤고 아들 또한 뭐라고 답했지만 잘 들리지 않았다.

이 환상적인 상황이 끝나고 나면 당신과 아들 사이에는 보나 마나 다툼이 벌어진다. 당신이 정지해 있는데 아들이 지나쳤다고 말하자 아들은 더 큰 목소리로(요즘 아이들에게 일정 수준 이상의 예의를 기대하느니 당신이 몸과 마음을 닦아 성인이 되는 쪽이 빠를지도 모른다.) 자기가 정지해 있었고 아빠가 일정한 속도로 자신을 지나쳤다고 흥분하는 것이었다. 물론 우리 사회에서는 목소리 큰 사람이 진리를 말하는 것이지만 과학적으로 둘은 분별할 수 없는 같은 상태이다.

우리는 정지해 있는가? 당신이 달콤한 연인을 꿈꾸며 누리는 편안한 잠자리는 지구 중심까지의 거리를 반지름으로 하는 어마어마한 속도의 원운동을 하고 있다. 또한 지구는 태양을 중심으로 원운동을 하고 있으며 태양계는 5만 광년 거리인 우리 은하의 중심까지를 반지름으로 돌고 있다. 이 우주 안에서 과연 누가 정지해 있을까?

그저 힘을 받지 않는 등속운동만이 존재한다. 버스 안에서 우리가 본 마술의 주인공은 바로 가속운동이다. 마술이 작용하기 시작한 두 번째 송구는 공이 당신의 손을 떠난 직후 기사 아저씨가 브레이크를 밟은 것이다. 따라서 공은 앞으로 날아갔다. 그다음 뒷좌석에서 주무시는 아주머니의 이마를 맞힌 공은 앞으로 가속운동, 즉 속도를 올리는 과정에서 생긴 마술이다. 마찬가지로 그다음은 좌회전을, 그다음은 우회전을 하는 과정에서 생긴 이상한 운동이다. 이 모두는 속도나 방향이 변하는 가속운동이다. 가속운동을 하는 물체는 힘을 받는다. 가속운동과 가속하는 방향과 반대방향으로 힘을 받기 때문에 등속운동과는 근본적으로 다르다.

그러나 버스 밖에서 바라본 사람에게 공의 운동은 지극히 평범한 운동으로 보인다. 다만 공을 품고 있는 버스가 여러 방향으로 가속운동을 함으로써 안에 있는 사람에게만 생기는 착시 현상과 비슷하다. 처음 햄스터를 키우게 된 아이가 박스를 들고 가면서 자연스레 흔든다. 햄스터는 박스 안에서 우리 우주에 없을 법한 운동들을 보게 된다. 톱밥은 스스로 뛰어오르고 벽과 바닥은 이리저리 자기를 밀어댄다. 이런 힘을 겉보기힘이라고 한다.

당신의 이상한 가을여행 덕에 이야기가 너무 길어졌다. 일반상대성이론을 잉태한 대칭은 바로 가속운동의 결과로 발생하는 힘과 중력이 결국 똑같은 것이었다는 깨달음이다. 지구가 접시를 잡아당겨 깨뜨리는 힘과 엘리베이터가 위층으로 출발할 때 당신을 묵직하게 만드는 힘이 같은 것이라는 사실이다. 그게 뭐 어때서? 라고 질문할 수도 있지만 이것은 매우 혁명적이고 놀라운 사실이다. 이렇게 일반상대성이론은 탄생했고 많은 우주의 비밀을 발굴했다.

전자기학이 낳은 대표적인 법칙 중 하나인 전하량 보존법칙 또한 엄격한 대칭을 근거로 하고 있다. 전하란 전기를 띤 입자, 즉 전기적 성질을 가진 가장 작은 단위로, 전하량보존법칙은 이런 전하가 새로 생기거나 없어지지 않는다는 말이다. 그러나 우리 자연계에서는 전자가 불쑥 생겨나는 경우가 있다. 그렇지만 전자가 나타날 때에는 반대 부호를 가진 양전자가 쌍으로 생성된다. 이것이 바로 쌍생성이다. 또 이 둘이 만나면 함께 사라진다. 쌍소멸이다.

전하와 관련된 대칭은 퍼텐셜이다. 흔히 교과서에서 위치에 너지라고 부르던 것을 떠올리면 크게 틀리지 않는다. 퍼텐셜은 힘이 작용하는 공간인 장場의 특징을 설명한다. 전자기장의 퍼텐셜을 우리는 흔히 전압이라고 부르며 이 안에는 전자기력을 계산할 수 있는 많은 정보가 들어 있다. 전기장에 의해 전기력이 생길 때에는 전압의 상대적인 차이가 중요하다. 그러니까 당신과 연인이 서 있는 두 지점의 전압차가 50V라면 이 차이만큼의 전자기력이 생긴다는 말이다. 당신의 전압을 100만큼 올리고 연인의 전압도 100만큼 올리는 일은 무의미하다. 차이만이 중요하다. 우주의 어느 곳이건 간에 퍼텐셜의 차이가 같다면 같은 전기장이다. 이것이 전하량보존법칙의 배경이 되는 전체적인 대칭이다.

양자역학이라는 분야에서도 대칭은 역시 강력한 무기이다. 과학자들은 대칭성을 발견하고 대칭의 성질을 이용해 존재해야 할 소립자의 여러 성질을 예측한다. 그리고 수많은 실험을 통해 그 입자를 발견하였으며 아직도 많은 가상의 입자들을 찾고 있다. 한마디로 이 우주는 대칭에서 태어나 비대칭으로 운동하고 다시 대칭으로 돌아가는 과정이라고 할 수 있다.

인생의 대칭

얼마 전에 하드디스크가 완전히 고장 난 적이 있다. 순간 아득
해지기 시작했다. 마치 내 과거 전부가 거기에 있는 듯 아쉬움
이 몰려들었고 이런 식으로 과거와 이별하고 싶지 않다는 회한
은 걷잡을 수 없었다. 결국 20만 원이라는 거금을 주고 하드디
스크를 복구하는 회사에 맡겼다. 기쁜 마음으로 멀어져갔던 내
과거들을 새로이 열어보는 순간, 그러나 내가 가지고 있던 것
들이 사실은 너무나 하찮은 것들이라는 데에 놀라고 말았다.
데이터라는 게 대개 허접한 것들이었고 애지중지 보관하던 내
가 쓴 글이라는 것들은 쓰레기통에 버리기에는 쓰레기통이 아
까울 지경이었다. 변화에 관계없이 항상 같은 가치를 찾는 것
은 어려운 일이었다. 결국 범인은 나 자신이었다. 내가 변하니
세상 모든 것이 나와 다른 방향으로 변한다고 믿고 있었다.

부처님이 처음으로 깨달음을 여셨을 때, 대지는 청정해져서 온
갖 보배와 꽃으로 장식되었으며, 꽃다운 향기는 그 위에 넘쳤

다. 또 화만이 부처님 주위를 에워쌌는데, 그 위에는 금, 은, 유리, 파리, 산호, 마노, 차거 따위의 진귀한 보석이 아로새겨져 있었으며, 많은 수목은 가지와 잎에서 빛을 발산하여 서로 비추고 있었다. 이런 정경은 부처님의 신통력에 의해 나타난 것이다.

부처님은 이 사자좌에 앉아 최고의 깨달음을 완성한 것이다. 부처님은 과거, 현재, 미래의 진리가 모두 평등함을 깨달으셨으매, 그 지혜의 광명은 모든 사람의 몸속까지 비치고, 그 맑은 깨달음의 음성은 세계의 구석구석까지 울려 퍼졌다.

위의 글은 부처가 깨달음을 얻은 순간의 광경을 묘사하고 있다. 모든 묘사는 진리의 순간이 가지는 아름다움에 대한 상징일 터이다. 관심을 끄는 부분은 '과거, 현재, 미래의 진리가 모두 평등' 하다는 구절이다. 이것은 시간을 관통해서 변하지 않는 진리에 대한, 그러니까 우주를 관통하는 대칭성에 대한 깨달음이라 해석할 수 있다.

문학 또한 인생을 관통하는 진리를 찾는다. 모든 인생에 대해 대칭인 것. 시간이나 공간, 그 어떤 변화에도 변하지 않는 가치, 그 무엇을 찾는 작업이다. 그리고 그 무엇을 감동을 통해 전하려 노력한다. 문학의 논리는 감동이다.

이 감동이라는 것은 가슴을 울컥하게 만드는, 그래서 찔끔

눈물이 나는 일만을 말하지 않는다. 새로움이라는 말할 수 있는 모든 방향으로 사람의 마음을 움직이는 원동력이 감동이다. 그 감동은 사랑이자 인간과 자연에 대한 새로운 각성이다. 감성적으로 새로운 세계로 나아가는 진취이다. 세상은 이 감동을 원천으로 변화의 힘을 추스른다. 세상이 변해야 한다고 믿는다면 말이다. 인간에게 감동을 주는 것, 인생을 관통해 변하지 않는 것, 변하지 말아야 할 것은 무엇인가? 어렵다. 어려워서 과학도 문학도 그 깊은 매력이 변하지 않는다.

부서지는 것이 남기는 것

이제 우리 주변을 둘러보자. 제아무리 아름다운 여자에게서도 완벽한 대칭을 찾을 수는 없다. 대칭을 찾아 우주의 구석구석과 세상의 가장 작은 부분을 파헤치는 과학자들도 잠잘 때에는 십중팔구 한쪽으로 돌아누워 웅크리고 잘 것이다. 나는 왼손으로 가위질을 하지 못한다. 그러나 우리 집 안주인은 왼손 가위질의 달인이다. 덕분에 식탁에서 김치를 자르는 일에서 나는 자유롭다. 한 시대를 풍미했던 마라도나는 그의 명성과는 다르게 왼발로는 거의 볼터치를 못 했다고 한다. 우리가 살고 있는 현실은 대략적인 대칭이 존재하지만 말 그대로 대칭적이지 않다.

우리는 운동량과 에너지가 보존된다고 알고 있지만 현실에서 일어나는 과정은 그렇게 보이지 않는다. 구르는 당구공은 상대방이 큐를 놓고 화장실에 다녀오는 동안도 기다리지 못하고 한 지점에 정지한다. 현실에서는 어떤 변화에도 불구하고 변하지 않는 것을 찾기란 거의 불가능하다. 사람들이 그리는 신神의 모양도 계속 바뀌어왔으며 한 시대를 관통했던 신념도 그 자리를 지키는 것을 찾기는 어렵다. 영원한 생명도 없으며 변하지 않는 관계도 없다. 굳이 변하지 않는 것을 찾자면 '모든 것은 변화한다' 라는 말 정도가 있을까?

대칭은 스스로 깨진다. 우주가 자신의 배경으로 정한 원칙은 대칭이라는 아름다움이었지만 우리 우주가 탄생한 직후부터 대칭은 스스로 붕괴했다. 대칭이 붕괴하는 과정이 우주의 진화이고 그 틈새에서 질서가 명멸했으며 생명은 움텄다. 그렇다면 완벽한 대칭은 무엇인지 물어야 한다. 인간은 원래 그렇다. 신이 뭔가를 만들면 인간은 자꾸 묻는다. 그 물음의 과정이 경전經典 아니던가?

완전한 대칭은 플라톤이 말한 이데아처럼 우리가 돌아볼 수 없는 등 뒤에 존재하는 그 무엇인가? 우리 우주가 태어난 초기

과학은 완벽한 대칭을 추구하지만 어떤 분별도 없는 완벽한
대칭이 상징하는 것은 죽음일지도 모른다.

의 온도는 어마어마했으며 모든 것은 시공간의 모든 방향으로 완벽하게 대칭이었다. 무엇도 구분할 수 없는 상태였다. 그리고 온도가 내려가기 시작하면서 나뉘고 결정이 생기며 분별이 생긴다.

이것을 상태의 변화라고 한다. 물이 얼어 얼음이 되는 것도 상태의 변화이다. 이 변화는 온도가 내려가면서 일어났으며 액체 상태의 물이 가지는 대칭성이 깨지면서 분별이 생긴다. 얼음이라는 결정이 생기고 균열이 간 곳도 드러나면서 이곳과 저곳이 다르다. 상태가 변하면서 분별이 생기고 무언가 조직화된다. 우리가 질서라고 부르는 것이 생기는 것이다. 대칭성의 붕괴는 바로 질서의 탄생이라고 말할 수 있다.

빅뱅 이후 우주가 급격히 팽창하면서 첫 번째로 겪은 상태 변화는 물질과 복사선(모든 종류의 전자기파)으로 나뉜 것이다. 물질은 물질끼리 모여 덩어리를 이루고 나머지는 복사선으로 가득 찬 공간으로 분리되었다. 이 상태 변화로 우주는 초기의 대칭성을 잃었다. 두 번째 상태 변화는 물질에서 일어난다. 물질은 온도가 낮은 중성원자들과 높은 온도의 이온화된 플라즈마로 분리된다. 온도가 낮은 물질들은 은하를 만들었으며 온도가 높은 것은 은하들 사이의 공간을 채운다. 세 번째 분리는 은하를 이루는 물질들이 분자를 만들 수 있을 정도로 식으면서 일어났다. 상대적으로 온도가 낮은 기체분자들과 온도가 높은 기체원자들로 나뉜다. 기체분자들은 서로 뭉쳐서 새로운 물질 덩어리를 만들고 온도가 높은 기체원자들은 은하 밖의 공간으로 물러나게 된다. 네 번째 상태 변화는 별과 행성으로 뭉쳐진 분자들로 바로 우리 몸의 조상이라고 할 수 있는 것과 그렇지 않은 것으로 분리된다. 지구가 탄생한 이후로도 이러한 분화는 계속 일어났다. 대칭성이 깨진 자리마다 무언가 움텄다. 새로운 질서가 생겨나는 것이다.

생명의 탄생도 이러한 상태의 변화 중 하나이다. 물질들이 계속 분리되고 이 과정을 거듭하는 사이에 생명이 가질 수 있는 고도의 질서가 만들어진 것이다. 이런 분화는 우리가 주변에서 볼 수 있는 무한에 가까운 다양성을 만들었다. 그리고 그 다양성들이 서로 어우러지면서 다시 고도의 질서를 만들었다. 우주에 존재하는 네 가지 힘(강력, 약력, 전자기력, 중력) 또한 빅뱅 초기에는 하나의 힘이었으며 상태의 변화에 따라 각자가 작용할 범위와 상호작용할 객체들을 선택해 분화되었다. 나라고 할 만한 것이 생기고 너라고 부를 것이 나타난 것이다.

우주는 앞으로도 최소한 몇백억 년 이상 팽창할 것이다.• 그리고 다시 뭉쳐 초기의 한 점으로 돌아갈 수 있고•• 아니면 영원히 팽창하다가 완벽한 정적으로 사라질 수도 있다. 어떤 끝이더라도 변하지 않는 사실은, 처음에 그랬던 것처럼 마지막 또한 완벽한 대칭이라는 사실이다. 분간 없는 대칭, 그것은 죽음이라고 말할 수 있다.

구도자들이 추구하는 완벽한 평정심, 인간 감정의 완벽한 대칭, 이것은 죽음일지도 모른다. 이 말은 우리가 일상적으로 모든 것의 끝이자 암흑 상태라고 생각하는 죽음으로 대칭을 끌어내리는 말로 들리기도 하지만, 죽음이라는 것에 대해 다시 생각할 여지를 남긴다. 대칭이 갖는 이상적이고 추상적인 단계로 죽음을 끌어올려 생각할 수도 있다.

문학은 이런 완벽한 대칭 상태를 다루지 않는다. 대칭이 깨져 불완전하고 들끓는 상태에 관심을 가진다. 생명은 그렇게 탄생해 꿈틀거리며 다양성을 획득했고 우리의 삶 또한 대칭이 깨진 상태에서 출발해 그와 같은 불안 안에서 끝맺는다. 문학은 그 불완전한 불안을 좇는다. 불완전하고 불안한 것이 인생

• 물론 각각의 우주론에 따라, 앞으로 밝혀질 암흑물질의 총량에 따라 우리 우주의 미래는 다르게 점쳐지고 있다. 그러나 지금 우주는 팽창하고 있고 어떤 이론에 따르더라도 앞으로 상당 기간 우주는 팽창할 것이라 보고 있다.
• • 빅 크런치Big crunch는 빅뱅의 반대 상황이다. 우주의 질량이 임계질량을 넘을 경우 다시 수축할 경우를 말하고 있다.

이기 때문이다.

우리 인생을 관통하는 대칭이 있을까? 그런 가치가 있을까? 알 수 없다. 그러나 킁킁 냄새를 맡으며 마을을 떠도는 개처럼 그것을 찾아 헤매는 일이 사는 일일지도 모른다. 당연하게도 불안하다.

6장

해석,
번역,
그리고 잡설

"로마 근처에 네미라는 마을이 있었다. 그 마을에는
고대 로마시대부터 숲과 동물의 여신이자 풍요의 여신인
디아나아 디아나의 남편인 비르비우스를 섬기는 신전이 있었다.
이 신전에서 남자는 누구라도 사제가 될 수 있으며
'숲의 왕'이라는 칭호를 얻을 수 있다는 관습이 있었다.
단 사제가 되기 위해서 남자는 먼저 신전의 숲에 있는
성스러운 나무에서 가지 하나(황금 가지)를 꺾어서
그것으로 사제를 죽여야만 했다."

James George Frazer

우주의 해석, 운동의 해석

남자는 오랜만에 마눌님과 둘이 차를 타고 나섰다. 뭐 대단한 행사가 있는 것은 아니었다. 아이가 학교에 간 사이 동네 도서관에 책을 반납하고 새로운 책을 빌리러 가는 일상적인 동행이었다. 기분이 좋을 일도 애틋해야 할 일도 없었지만 그렇다고 서로 심통 부릴 이유는 더욱 없다고 믿었다. 초겨울 바람에 미친 듯이 몸을 흔드는 나무들과 허공을 타고 오르는 낙엽들을 보면서 장자의 우주적 춤을 연상하며 행복해하는 마눌님은 최소한 그렇게 믿었다.

　남자는 책장 속에 잘 모셔두었던 비상금을 압수당한 지난 저녁의 사건을 도저히 머리에서 털어낼 수 없었다. 비상금을 무사히 지켜내지 못한 두툼한 천문학 책이 제일 미웠고 쓸데없이 아빠의 책장을 뒤적인 딸아이에게 섭섭했으며, 더욱이 우연히 발굴한 그 피 같은 돈을 날름 자신의 주머니로 삼켜버린 마눌님의 얼굴은 마녀의 그것이었다.

이런 상황에 대한 일말의 배려도 없이 라디오에서는 한 곡 가곡이 무심하게 흘러나온다. '임이 오시는가' 이다. 이 노래에는 또한 학창 시절 음악 선생님에게 매 맞으면서 배웠던 안 좋은 기억이 얹혀 있다. 남자는 모든 상황이 불편하다.

– 물망초 꿈꾸는 강가를 돌아, 달빛 먼 길 임이 오시는가~

남자는 자기도 모르게 노래의 구절을 되받았다.

"왜, 밤에 만나? 훤한 낮에 만나지! 그것도 강가에서 말야."

불만 섞인 투정에 마눌님은 눈을 흘기면서 한마디 한다.

"왜? 좋기만 한데."

여자는 고개를 돌려 다시 창밖을 본다. 한마디로 장면과 음악의 조화일 것이다. 공돈 생긴 마녀에게는.

– 갈숲에 이는 바람 그대 발자췰까, 흐르는 물소리 임의 노래인가~

"개울가 갈숲에서 만나다니, 분명 떳떳하지 못한 사이구만, 남의 시선이 무서운 거야."

남자가 이렇게 중얼거리는 건 딴 뜻이 있어서는 아니다. 만

원짜리 다섯 장이 사라진 세상은 이미 그전 세상과는 다른 것이었다. 다른 세상은 다른 인간을 만든다.

"이 아저씨, 왜 이렇게 삐뚤어지셨어? 임에 대한 그리움이야, 그리운 임은 어디에나 있어. 바람이나 물소리에도 있는 거란 말이야."

– 내 마음 외로워 한없이 떠돌고, 새벽이 오려는지 바람만 차오네~

"달밤에 오셨다가 새벽에 가셨구만! 정당한 남녀 사이라면 이렇게 구릴 턱이 없지!"

"이유가 뭐야? 왜 이렇게 꼬였어?"

마눌님은 남자가 꼬인 이유를 정말 모르고 있을까? 알면서도 무시하는 걸까? 그러나 이 일화에서 우리가 주목하는 것은 해석의 문제이다. 해석에 따라 임에 대한 애절한 그리움을 노래한 가곡이 불륜의 주제가로 전락할 수 있다. 물론 이 경우는 감정적 해석의 경우이다. 예술에 대해 감정적으로 해석하는 경우를 감상이라고도 한다. 감상이야말로 수많은 감정 상태를 낳고 그에 따라 수많은 세계가 생겨난다. 마음대로 느끼는 것이 감상이며 세계를 고르는 것은 내 자유이다. 이것을 해석이라고 부를 수 있지 않을까?

어떻게 바라보느냐에 따라 세상을 다르게 기술하는 것은 과학자들도 마찬가지이다. 해석의 방법은 기실 어떻게 바라보려 하는가와 관련이 있다. 관찰의 방법이자 해석의 관점이다. 과학의 역사 안에도 운동에 대한 해석의 갈래는 많다. 내 좁은 시야 안에서 찾을 수 있는 대표 선수는 뉴턴과 라그랑주*이다.

뉴턴이 보여준 운동에 대한 시각은 인과론적인 것이었다. 결과로서의 모든 운동은 원인이 있다고 보았다. 그 원인은 힘(중력)이다. 또한 그 힘의 원인은 질량이다. 앞장에서 보았던 당신의 친구를 떠올려보자. 당신의 친구는 절벽 위에서 뛰어내린 직후부터 지구의 중심을 향해 자유낙하운동을 한다. 이 운동을 바라보는 뉴턴의 시각은 질량을 가진 두 물체는 서로 끌어당기는 힘을 가지게 되고 이 힘을 방해하는 장벽이 없을 때에 둘은 서로를 향해 운동을 시작한다. 다만 상대적으로 지구의 질량이 비할 수 없이 크기 때문에 친구가 지구를 향해 떨어지는 것처럼 보이는 것이다. 태양의 주위를 돌고 있는 지구의 운동도 마찬가지로 본다. 태양의 질량과 지구의 질량이 가지는 인력과

---

* 18세기 이탈리아 태생의 수학자. 수학과 물리학 분야에서 그가 남긴 업적은 후대의 학자들에게 수많은 영감의 원천이었다.

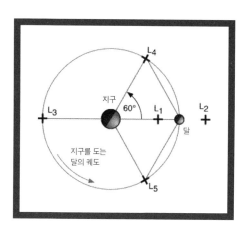

지구의 질량과 달의 질량이 가지는 인력과 달의 운동량이 조화로운 일치를 보는 거리에서 달은 타원운동을 하고 있는 것이다.

지구의 운동량이 조화로운 일치를 보는 거리에서 지구는 타원 운동을 하고 있는 것이다.

이에 반해 라그랑주의 시각은 다분히 목적론적이다. 여기서 나타나는 운동의 목적은 최소 에너지 상태라고 할 수 있다. 힘 빼고 가장 편한 상태! 우주 안에서 상호작용하고 있는 모든 객체는 자기가 갈 수 있는 한 최소 에너지 상태를 가지려고 한다. 겨울 아침 이불 속에서 빠져나오기 힘든 것도 아마 이 최소 에너지 상태에서 벗어나는 운동을 하려 하기 때문에, 운동의 목적을 거스르기 때문에 힘든 것이리라.(많은 날을 지각으로 시작하는 딸아이를 이해는 한다.)

그리고 이 최소 에너지 상태로 가는 길을 선택하는 원리는 '최소 작용의 원리'를 따른다고 했다. 그러니까 라그랑주는 '최소 에너지 상태로 가기 위한 최단거리'가 운동의 원리라고 보았다. 절벽을 떠난 당신의 친구는 지구와 좀더 가까운 곳, 지구에 의해 만들어진 중력장 안에서 자신이 선택할 수 있는 가장 낮은 에너지 레벨을 향한다. 그리고 그 자유낙하가 그린 궤적은 지구의 질량에 의해 휘어진 공간 안에서 최소 작용 거리를 골라서 운동하고 있다고 보는 것이다. 태양 주위를 도는 지구 또한 태양의 질량 때문에 휘어진 시공간 안에서 최소 작용의 직선을 따라 운동하고 있다. 그것이 휘어진 공간을 보지 못하는 우리의 눈에 타원궤도라는 모양으로 나타나고 있다.

운동에 대한 또다른 해석 가운데 가장 기발한 것 하나는 파인만의 것이다. 미시세계를 관찰하는 실험에서 만나는 입자들의 이상한 행동을 우리는 앞서 간단하게 이야기했다. 이중슬릿 실험에서 관찰자와 숨바꼭질하는 전자는 관찰자의 의도를 이미 알고 있다는 듯 두 슬릿 모두를 통과하기도 하고 한쪽으로 지나가기도 한다. 이렇게 관찰자의 상황에 따라 입자의 모양을 보이기도 하고 파동으로 스크린에 간섭무늬를 만들기도 했다. 이 어지러운 상황을 많은 과학자들은 정리할 수 없었다. 그때 깊은 통찰력과 아이디어로 파인만은 한마디로 정리해버린다. '하나의 입자는 가능한 모든 경로를 지난다.' 언뜻 납득이 가지 않을 수도 있는 이 말은 사실 우리의 과거와 미래에 존재하는 모든 잠재태의 이야기로 바꿔 이해할 수도 있다. 잠재된 가능성과 실현된 것의 차이는 시간이 행하는 선택과정에서 잠깐 발현된 것일 수 있다. 우리가 말하고 느끼는 현실은 이 모든 잠재태의 합이다.

솔레파

내 쓰레빠의 궤적이 언제부턴가, 내 생의 그것이다 기울어진 전봇대가 노래한다 쓰레빠가 찍은 왼발 자국은 허공의 턱수염을 쓰다듬고 오른 발자국은 전봇대를 타고 오르다가 슬쩍 늘어진 현수선*을 넘는다 솔레파, 노래를 따라가다 문 연 화장실에 한 남자가 누워 있다 참 시체스럽다, 라고 중얼거리는 순간 벌떡 일어난다 그가 내 노래를 신고 있다 생의 자장 안에서 가장 편안하게 늘어진 자세, 다른 신발은 아무렇게나 벗어놓지만 쓰레빠만은 신발장 높은 곳에 고이 모셔놓는다 노래를 보면 모두 신고 싶은 욕망이 일어나니, 분명 태초의 역사를 가진 본능이지만 곰팡이 낀 신발장의 높이만 가져도 생의 현수선은 공유하지 못한다 몸 어디건 거기가 제일 끝이 될 준비를 하고 있는, 무엇과도 화해하는 자세를 만들면 중력장 안에서 목적지까지 가장 빠르다 죽음과 최소 시간 경로, 그 비가역의 경로가 낮게 깔린 구름발치서 웅얼거린다 노래가 나를 신고 다닌다 솔레파

우리는 대부분 인생에 있어서 성공까지의 최단거리, 또는 최소 시간 거리만을 생각하면서 살고 있다. 그러나 우리 인생의

• 현수선은 선분 밀도가 고른 줄이 중력에만 영향을 받아 자연스럽게 늘어진 모양이다.

시공간이 가진 곡률은 그렇게 단순하지도 그렇게 얄팍하지도
않다. 그 곡률을 결정하는 것은 우리가 가진 관계들이라 할 수
있다. 가족이 그렇고 그밖에 우리를 둘러싼 모든 인간 네트워
크가 곡률을 결정한다. 내 직선이 어디를 향하고 있는지는 관
계를 통해 알 수 있다. 아니 어쩌면 우리는 태어나면서 이미 모
든 걸 알고 있을지도 모른다. 세상을 가치 있게 해석하는 방법
말이다.

인간에게 최소 에너지 상태는 죽음이다. 죽음까지의 최소 작
용 경로를 당신은 알고 있나? 그것을 아는 이들은 노래한다. 죽
음이 아닌 삶을 노래한다. 삶을 노래하는 일이 기실 죽음을 쓰
다듬는 손까지 포함하고 있다는 것은 공공연한 비밀이다. 우리
가 애써 외면한 노래이다.

시가 해석하는 세상

같은 꽃을 노래한 시는 많다. 어머니를 부르는 시는 많다. 그러
나 모두 다르다. 각자가 다른 눈을 가지고 있고 그 결과 세상이
달라지기 때문이다. 시는 자신만이 가진 개성적인 시각과 감성
으로 세계를 해석하는 일이다. 같은 사물이라도 남과 같은 곳

시인을 "시대의 탐침"이라고 말했던 시인 김수영은 오늘날 시인이 하지 못하는 것과 해야만 하는 것에 대해 일침을 가했다.

에서 바라보지 않는다. 똑같이 본다면 좋은 시인이 아니다.

눈

김수영

눈은 살아있다

떨어진 눈은 살아있다

마당 위에 떨어진 눈은 살아있다

기침을 하자

젊은 詩人이여 기침을 하자

눈 위에 대고 기침을 하자

눈더러 보라고 마음 놓고 마음 놓고

기침을 하자

눈은 살아있다

죽음을 잊어버린 靈魂과 肉體를 위하여

눈은 새벽이 지나도록 살아있다

해석,
번역,
그리고
잡설

기침을 하자

젊은 詩人이여 기침을 하자

눈을 바라보며

밤새도록 고인 가슴의 가래라도

마음껏 뱉자

– 『김수영전집』

한 시대를 온몸으로 살았던 시인 김수영은 마당에 떨어지는 눈을 바라보면서 정치적이며 사회적이고 실존적인 죽음과 대비해 살아 있음을 이야기한다. 마당에 떨어지는 눈조차도 살아 있는데 한 시대를 살아가는 많은 영혼과 육체들은 자신이 죽었는지조차 관심이 없다. 시인은 나직이 그러나 굵은 목소리로 통탄하고 있다. 모든 영혼과 육체들이 죽어 있는데도, 아니 죽었는지조차 모르는 상태인데도 아무도 말하지 않는다. 그렇기 때문에 눈이라도 살아 있어야 한다. 순백의 눈이라도 살아 있다고 믿고 싶은 것이다.

김수영은 시인을 시대의 탐침이라고 했다. 그래서 젊은 시인은 말해야 한다. 살아 있는 것과 죽은 것에 대해. 그러나 시인은 대놓고 말하지 못한다. 대놓고 말하기 싫어진다. 소심한 탐침이기 때문일까? 날것 그대로의 발언을 태생적으로 싫어해서일까? 그래서 기침을 한다. 기침은 몸 안에 있는 것을 밖으로 내보내는 행위이다. 그러나 의식적으로 통제할 수 없는, 몸이 알아서 하는 퍼포먼스이다. 권력이 누르든 의식이 스스로 통제하든, 진실은 알아서 튀어나온다. 기침이 그것이다. 가슴의 가래를 뱉은 일이, 살아있는 눈 위에 뱉는 일이 그것이다.

눈

이성복

1
눈이 온다 더욱 뚜렷해지는 마음의 수레바퀴 자국
아이들은 찍힌 무우처럼 버려져 있고
전봇대는 크리스마스 씰 속으로 걸어 들어간다

눈이 온다 산등성이 허름한 집들은 白旗를 날리고
한 떼의 검은 새들, 집을 찾지 못한다
마음의 수레바퀴 자국에서 들리는 수레바퀴 소리

해석,
번역,
그리고
잡설

이제 길은 하늘 바깥을 떠돌고

亡者들은 무덤 위로 얼굴을 든다

―치욕이여, 치욕이여 언제 너도 白旗를 날리려나

2

그 겨울 눈은 허벅지까지 쌓였다

窓을 열면 아, 하고 복면한 산들이 솟아올랐다

잊혀진 祖上들이 일렬로 걸어왔다

끊임없이 그들은 흰 피를 흘렸다

두 손으로 얼굴을 가리면

온 몸에서 전깃줄이 울고, 얼음짱에

아가미를 부딪는 작은 물고기들이 보였다

3

희생자들은 곳곳에 쌓였다

나무 십자가가 너무 부족했다

잘못, 시체를 밟을 때마다 나는

가슴 속에 물고기를 그렸다

희생자들은 곳곳에 녹아 흘렀다
물고기 뼈가 공중에 떠올랐다

아― 하고 누가 소리 질렀다
또 한 떼의 희생자들이 희생자들 위에 쓰러졌다
사슴뿔을 단 치욕이 썰매를 끌고 달려갔다
아― 하고 뒷산이 대답했다

― 『뒹구는 돌은 언제 잠 깨는가』

이성복에게 눈은 절대 백기 들지 않는, 죽어도 항복하지 않는 치욕이다. 얼음짱 속에 자신을 가두고 있는 조상이며 시체이자 물끄덩 발에 밟히는 희생자이다. 눈은 화자를 가두고 있다. 하얀 치욕이자 하얀 벽이며 화자가 발 딛고 선 곳을 흔드는 하얀 시체이다.

같은 소재, 같은 제목을 달고 세상에 나온 시일지언정 전혀 다른 세상을 그리고 있다. 시는 시인이 만들고 시인은 시인을 둘러싼 관계의 망이 만든다. 이 관계라는 거미줄의 씨줄은 시 공간이며 수많은 날줄은 지역과 환경, 배경 등 총체적인 것이다. 결국 다른 시인은 다른 땅에 서서 다른 하늘을 보고 있다. 이것이 해석이다.

번역, 이곳에서 저곳으로 가치를 옮기는 일

맥스웰James Clerk Maxwell(1831~1879)은 뉴턴 이후 가장 위대한 물리학자로 평가받았던 사람이다. 또한 맥스웰이 죽은 날 태어나 물리학계에 위대한 업적을 남긴 아인슈타인이 가장 존경하는 우상이기도 했다. 맥스웰 이전까지는 어두운 밤, 방 안을 밝히는 전기와 흙 속에서 철가루만을 골라낼 수 있는 자기력을 전혀 다른 종류의 힘이라고 알고 있었다. 그러나 맥스웰이 자신의 이름을 붙여 남긴 방정식은 이 두 힘이 한 몸이었음을 그리고 빛이란 것이 이 들과 어떤 관계였는지를 단칼에 보여주고 있다. 이렇게 서로 다른 것의 배후를 찾아 한마디로 설명하는 일, 물리학자들이 가장 선호하는 아름다움은 바로 이런 것이다. 맥스웰이 그의 뛰어난 직관으로 정리한 아름다움은 다음과 같은 모양이다.

1. $\nabla \cdot E = \dfrac{\rho}{\epsilon_0}$

2. $\nabla \cdot B = 0$

3. $\nabla \times E = -\dfrac{\partial B}{\partial t}$

4. $\nabla \times B = \mu_0 J + \mu_0 \epsilon_0 \dfrac{\partial E}{\partial t}$

많은 사람이 '이게 뭐가 아름다워?'라고 반문할 수 있고, 수학과의 인연을 다음 생으로 미룬 사람들에게는 거부반응까지도 일으킬 수 있지만 과학자들에게는 그렇지 않다. 하여, 위 수식들은 그냥 한 장의 그림이라고 생각하고 이 방정식이 가지는 의미를 따라가보면서 어쭙잖게 번역해본다.

E는 전기장을 말하고 B는 자기장을 말한다. 그런데 이 둘이 같은 공식에서 서로 똑같다는 표시인 =의 좌우에 놓여 있다. 그러니까 이 둘은 약간의 손질만 가하면 같다는 사실을 쉽사리 눈치 챌 수 있다. 먼저 공식 1은 전기장이 생기는 원인과 모양에 대해 이야기하고 있다. 당연하게도 전기장은 전하 •에 의해 생기며 그 모양은 모든 방향으로 뻗어나가는 형태 • •를 가진다

• 전기를 띤 입자이다. 좀더 구체적으로는 전기장의 세기는 전하 밀도에 따라 결정된다.
• • $\nabla \cdot$ 의 값이 0이 아니라고 할 때 발산하는 모양을 떠올리면 비슷하다. 성게의 가시를 떠올려보자.

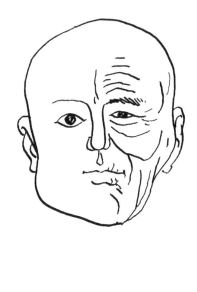

현실은 여러 얼굴을 가지고 있다.
아니 현실은 여러 가지로 해석될 뿐이다.

는 말이다.* 공식 2를 1과 비교해보면 모양이 비슷하면서 왼쪽에는 자기장이 있고 오른쪽은 0이다. 그러니까 자기장은 바깥으로 뻗어나가지 않는다는 말이다. 전기는 +전하와 −전하가 따로 있을 수 있지만 자기는 N극과 S극이 따로 존재하지 않는다는 뜻이다(자기홀극은 없다).

공식 3은 자기장이 변화하면 전기장이 생긴다는 표현이다. 그리고 그 전기장 안에 도선을 두면 전기가 흐른다고 말하고 있다. 마술 같지 않은가? 다만 자기장이 흔들리면 전기가 생긴다니? 그러나 사실이다. 우리가 사용하는 모든 전기는 이 원리로 만들어지고 있다. 여기서 전기장의 모양은 회전하면서 나아가는 형국이다. 공식 4는 대략 전류가 흐르면 주변에 자기장이 생성되고 그 자기장이 어떤 모양인지에 대한 묘사이다. 물론 전선 주위를 회전하면서** 나아간다.

이것이 맥스웰방정식을 대강 우리말로 번역한 것이다. 한번 정리해본다. 정지해 있는 전하는 전기장을 내뿜고, 움직이는 전하는 자기장까지도 만든다. 자기장이 변화하는 곳에서는 전

---

* + 전하의 경우는 바깥으로 발산하고 - 전하는 안으로 모여드는 방향을 가진다.
** ▽× 은 원운동을 하면서 앞으로 나가는 모양이다. 나사가 회전하는 모습과 같다.

기장도 움직여 전기가 발생하며 전기가 흐르는 곳 주변에는 회전하는 자기장이 만들어진다. 여기에 자석은 언제나 두 극이 쌍으로 존재한다. 조금 혼란스럽기는 하지만 뭔가 다른 두 개가 서로 굉장히 깊숙이 얽혀 있음은 느낄 수 있다.

그건 그렇고 이 방정식을 떠올리면 어딘지 모르게 커피 냄새가 나지 않는가?

맥스웰방정식

그러니까

위악도 농담도 위상 공간도 아닌 현실에서 여자의 이름은 춘자였다 춘자가 뿌리는 향수는 반경 3km의 영향권을 가지고 있었으며 이 공간 안에 들면 남자들은 반응하기 시작했다 이 현상은 춘자의 표면에 전기를 띤 입자들이 얼추 모여 있기 때문이며 따라서 춘자의 주변에는 특정한 장場이 형성되었다는 이론을 검증하려 덜 익은 복숭아 찌르듯 춘자의 볼에 손가락을 댔던 부동산 박 씨가 정신을 차린 곳은 내장이라도 보일 듯 닳은 소가죽 소파 뒤편으로 2미터는 족히 날아간 자리였다 순간 주변이 벼락이라도 치듯 밝아졌다가 어두워졌다는 증언은 동석했던 과일가게 추사장의 것이었다 달리 설명할 도리가 없었다 춘자의 표면에는 뭔가가 있다고 수군대기 시작한 지 얼마 후 그러나 어차피 이 우주에 전하는 두 종류밖에 없다며 힘없이 춘자를 따라 걷는 남자가 마을에 나타났다

말자의 변덕은 예측이 불가능하다는 사실만이 예측 가능한 특징을 가졌다 이런 변화가 유일하게 춘자의 꼭지를 돌게 하는 원인이었다는 가설은 지역신문의 이단짜리 기사에 해당하는 무게를 가지고 있었다 기자의 관찰 결과 말자의 변덕이 최고치에 이르는 시기는 춘자가 변치 않는 인기로 많은 팁을 거둔 날과 거의 일치했다고 한다

두어 달 전 말자가 마을에 모습을 드러낸 후 정다방 내부에서 일어난 역학관계의 변화나 춘자와의 불화에 상관없이 말자에게는 항상 남자친구가 있었다 우주 탄생 이후(정확하게 10^{-10}초 후부터) 항상 그랬으며 말자가 반으로 나누어졌더라도 반쪽짜리 남자친구가 탄생해 붙어 다녔을 것이라고 수근댔다 하여간 상대적으로 떨어지는 미모를 수완으로 메우고 있는 말자는 남자친구에게서 자신의 모든 성질머리를 받아주는 존재 이상의 가치를 찾지 못했다 이런 남자의 존재는 우주적 안정에 일조하는 면이 크다 실제로 일정한 거리를 두고 말자와 남자를 바라보면 둘은 평온해 보인다 남자가 말자의 모든 돌발적 에너지를 받아내어 감내하고 있기 때문에 그 내부적 들끓음을 눈치 챌 수 없다

뉴턴 이후 가장 위대한 물리학자로 평가받았던 맥스웰은 장場의 개념을 집대성하고 빛의 전자기파설의 기초를 세웠다.

춘자가 만드는 장場 또한 항상 일정한 것은 아니었다 태양 흑점의 변화에 영향을 받는다는 설도 있었지만 보다 현실적인 원인은 주변의 습도와 그날 화장 먹음의 정도, 지난밤 잠자리의 만족도 등이 거론되고 있었다 사실 말자가 보이는 변덕의 근본적인 원인은 춘자의 아름다움이 매순간 어떤 상태를 보이는가에 있다, 라는 주장이 정설이다

서로 갈등하지만 삐딱하게 공존할 수밖에 없으며 서로에게서 새로운 에너지(이 안에는 부정적인 것 또한 많다)를 끌어낼 수 있는 춘자와 말자의 관계를 밝힌 이조차 아직도 해결하지 못한 사실은 이 둘 중 누가 누구의 원인이며 결과인지, 이 둘이 보이는 서로에 대한 촉매작용은 종국에 발생할 어떤 결말을 가리키고 있는지, 이다. 그러나 확실한 건 아직도 이 둘이 마을의 긴장과 아슬한 평화를 지탱하고 있다는 사실이다

위대한 물리학자의 이름에서 커피의 브랜드를 연상하는, 그래서 시골 마을에서 벌어지는 두 여자의 활약상으로 변해버린 물리법칙은 아무래도 못마땅하다. 이런 경우 시인의 상상력 부재와 부박한 재능을 먼저 탓하고 다음으로 추적추적 내리는 비를 미워하자. 우리가 비 오는 날 이렇게 축 처지는 것은 많은 전기 전하들이 공기 중에 꽉 찬 수분을 타고 방전되기 때문일

지도 모른다. 방정식을 문학적으로 번역해보려는 의욕만 앞선 시도는 이렇게 툭, 불만스럽다.

맥스웰은 방정식을 정리하고 나서 또 하나의 결론을 이끌어 냈다. 바로 빛의 속도로 움직이는 어떤 파동이 있어야 한다는 것이다. 이것은 전기장과 자기장이 함께 다니는 전자기장의 출렁거림으로 이해할 수 있었고 이런 새로운 시각이 낳은 이해는 우리가 빛이라고 알고 있는 것이 어떤 존재인지 확실히 설명했다. 이렇듯 전자기장의 출렁거림을 전자기파라고 한다. 빛은 우주에 넘실거리는 수많은 전자기파 중에 우리 눈에 보이는 아주 작은 부분을 말하는 것이었다. 우리 우주 안에는 수많은 종류의 전자기파가 존재한다. 그 파장이 가장 긴 것은 한 파장의 길이가 10m에서 수 킬로미터가 넘는 전파에서 짧은 것은 10^{-11}m인 감마선, 10^{-14}m인 우주선宇宙線에 이르기까지 다양한 스펙트럼을 지닌다. 이중 우리 눈에 보이는 가시광선은 파장이 약 4×10^{-7}m에서 8×10^{-7}m 사이에 있는 좁은 폭의 전자기파이다. 우리는 수많은 파장의 전자기파 중 아주 좁은 영역의 파장대만을 눈으로 볼 수 있고 이것을 빛이라고 불러왔다. 이제 과학적으로 진실한 연애편지를 쓰려면 '당신은 나의 빛이오!' 대신 '당신은 모든 주파수대를 통틀은 나의 전자기파입니다!' 라고 써야

하지 않을까? 그 효과를 보장할 수 없지만 맥스웰이 들춰낸 빛의 정체는 이렇다.

과학에서 '왜?' 라는 질문

"선善이 뭐라고 생각해?"

마눌님의 뜬금없는 질문에 남자는 당혹스럽다. 차라리 '뭐해서 돈 벌어올 거야?' 가 훨씬 대답하기 쉬운 질문이다.

"자연과 함께 흐르는 순리의 상태를 선이라고 한다면 부자연스러운 강제와 억압을 악이라고 할 수 있겠지?"

"누가 그런 이상한 소리를 해? 혹시 옆집 박 여사야?"

남자는 경계를 늦출 수 없다.

"그 자연스러운 순리의 상태는 모든 욕망과 본능까지도 포함하고 있겠지?"

"박 여사는 무책임해!"

"나는 선을 추구하면서 악을 행하기도 해. 그게 인간이지? 불완전하고 불안한!"

마눌님은 불완전하고 불안하다.

"그래서 나는 미싱을 하나 사는 것이 선을 추구하는 일이라

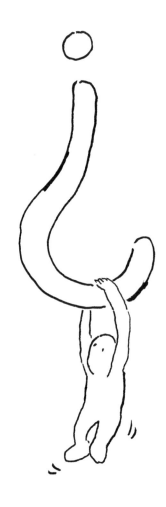

우리가 암흑의 진공을 헤치고 살아 갈 수 있는
동력은 "왜?" 라고 질문 할 수 있기 때문인지도 모른다.

고 생각해. 나뿐 아니라 우리 가족 모두를 위해서도 그렇고."

남자는 과학에서 선은 무엇일까? 생각하기 시작했다. 잊고 싶은 것이 많았기 때문이다. 그중 제일 먼저 잊고 싶은 것은 미싱의 가격이었다.

철저하게 생존을 위해 경쟁해야 하는 생태계에 '왜' 선이 탄생했을까? 선이란 것은, 자연계에는 존재하지 않는 인간이 만든 관념일 뿐인가? 그리고 어떻게 선은 탄생했을까?

미국의 저명한 진화생물학자인 스티븐 제이 굴드는 "진화는 사다리 오르기가 아니라 가지가 갈라지는 과정이다"라고 했다. 이 말은 진화라는 것이 인간이라는 종을 출현시키기 위해 하위 종에서 상위 종으로 발전해온 진보라는 우리의 생각을 바로 휴지통에 던져버리라는 경고이다. 그가 바라본 진화는 진보가 아니라 다양성의 증가이다.

여하간의 이유로 공룡이 지구상에서 멸종했을 때에도 생태계는 그 명맥을 이어왔다. 또 모든 종이 진보를 위해 매진했다면 지금도 지구상에 존재하는 수많은 단세포 생물은 존재할 이유가 없다. 외려 수없이 많은 작은 생명들이야말로 생태계의 하부구조를 튼튼히 하는 주역으로 자리 잡고 있다. 따라서 생태계가 지향하는 방향은 최대한의 생명들이 지속적으로 생존하는 일이라 할 수 있다(순전히 내가 내린 정의이다). 서로가 배려하고 협동하는, 상대방에게 최소한의 피해를 주며 생존하는 일이 생태계의 선이자 생태계의 목표와 바로 맞아떨어지는 생존전략이다. 전체 생태계의 번성을 위해서는 공존이 가장 훌륭한 생존 방식이라는 말이다. 이것이 과학에서 말할 수 있는 선善 아닐까? 이 정도면 흐릿할지언정 '왜?'에 대해 답이 되었다고 스스로 위로한다.

'어떻게?'에 대한 답은 게임이론 전문가들이 윤곽을 잡았다. 이들이 모여 죄수의 딜레마•를 반복해 우승자를 가리는 토너먼트가 있다. 미국 미시간대학이 주최한 이 게임에서 우승한 프로그램은 의외로 간단했으며 가장 효과적이었다. 이 프로그램의 이름은 'Tit for tat'••이다.

• 죄수의 딜레마prisoner's dilemma(PD)는 게임이론의 유명한 사례로 2명이 참가하는 비제로섬 게임의 일종이다. 두 명의 용의자가 체포되어 서로 격리되어 심문을 받는다. 둘 중 하나가 배신하여 죄를 자백하면 자백한 사람은 즉시 풀어주고 나머지 한 명이 10년을 복역한다. 둘 모두 서로를 배신하여 죄를 자백하면 함께 5년을 복역한다. 둘 모두 죄를 자백하지 않으면 6개월씩 복역한다. 이 게임의 죄수는 상대방의 결과는 고려하지 않고 자신의 이익만을 최대화한다는 가정하에 움직이게 된다. 이때 언제나 협동(침묵)보다는 배신(자백)을 통해 더 많은 이익을 얻으므로 모든 참가자가 배신(자백)을 택한다. 상대방의 선택에 상관없이 자백을 하는 쪽이 언제나 이익이다. 결국 둘 모두 자백하지 않고 6개월을 복역하는 것보다 나쁜 결과가 된다.
•• 되갚음, 앙갚음 정도로 번역.

Tit for tat은 처음에는 지속적으로 협력하고 그다음부터는 상대방이 그전에 행동한 대로 따라서 하는 간단한 행동 방식이다. 처음에는 먼저 배반하지 않고 협동한다. 그리고 상대방이 배반하는 경우에는 바로 응징한다. 똑같이 되갚아주는 것이다. 마지막으로 상대방이 배반한 적이 있더라도 다시 협력하면 따라서 협조함으로써 협조 분위기를 복원시킨다.

이것은 아주 명료하다. 서로의 생존에 필요한 상황에서 협력의 중요성을 부각시키면서 어떻게 생존투쟁의 장에서 서로 협력할 수 있는 공통분모가 만들어지는지 간단하게 보여준다. 선의 모태는 공동의 생존이 낱개의 생존에 득이 된다는 체득이라 할 수 있다. 선이라고 하는 이타적 행동은 이렇듯 아주 간단한 골격을 가지고 있다. 이것이 생태계에서 공존을 이루는 방식이고 선이 탄생한 원리라고 한다.

다시 '왜?'로 돌아왔다. '왜'라는 질문은 두 가지로 나눠볼 수 있다. 바로 원인과 이유이다. 사전을 보면,

원인: 어떤 사물이나 현상을 일으키거나 변화시키는 근본이 된 일이나 사건 ↔ 결과

이유: 까닭. 사유事由. 아래의 낱말들 대신으로 쓸 수 있음. 어떤

행위나 의견을 조리 있게 이성적으로 설명한다는 뜻을 내포함. cause-어떤 결과가 생기는 직접적인 원인을 나타냄. motive-사람이 어떤 행동을 취하게 하는 감정, 동기 따위를 나타냄. ground(s)-어떤 행위나 동기 따위의 근거를 나타내는 말.

사실 이 둘은 비슷하게 쓰이는 단어들이다. 그러나 나는 약간 작위적으로 보이더라도 이 두 단어를 '왜?' 라는 말의 다른 형태로 나누어서 이야기해보려 한다.

과학의 근원적인 동력은 호기심이다. 인간은 호기심으로 성장하며(반드시 인간만 그런 건 아니지만) 이 호기심은 현실에서 '왜' 라는 단어로 나타난다. 바꿔 말하면 '왜' 라는 말은 바로 과학의 시작이다. 그러나 여기서 '왜' 는 대부분 '원인' 이라는 범위 안의 것이다. 원인이라는 단어는 다분히 논리적이고 건조한 반면 '이유' 라는 말은 감정적 동기라는 쪽에 무게가 간다. 이제 '왜' 라는 질문을 쌓아본다.

'운동은 왜 일어나지?' - 힘이 있으니까.

'힘은 왜 생기지?' - 여러 힘이 있지만 우리가 주변에서 보는 운동은 대개 중력에 의해 생기며 중력은 질량 때문에 생기는 힘이지.

'그럼 질량은 왜 생긴 거야?' - 질량은 에너지가 밀집된 형태라고 볼 수 있어.

'그럼 왜 에너지는 생긴 거야?' – 우리 우주가 탄생한 빅뱅의 산물이 에너지야.(점점 궁색해진다.)

'빅뱅은 왜 생겼는데?' – ?

'왜?'는 참으로 막무가내이다. 이 정도만 해도 잘 버틴 것이다. 질문을 따라가다보면 어느 순간 원인이 이유로 돌변하는 걸 볼 수 있다. 원인이 이유로 변하면서 과학의 영역에서 벗어나 종교나 철학의 영역으로 변한다. '우주는 왜 생겨났는가?' '나는 왜 존재하는가?'

"공부는 열심히 해야 해!"

많은 부모가 맹신하고 있는 종교 중 하나이다. 아무 생각 없이 당신이 아이에게 이런 교리를 선교할 생각이라면 먼저 당신부터 많은 준비를 해야 한다.

"왜 공부해야 하는데?"

"그래야 훌륭한 사람이 되지!"

"훌륭한 사람이 뭔데?"

"사회를 위해 많은 일을 하는 사람이야."(당신은 별로 솔직한 사람이 아니다.)

"내가 왜 사회를 위해 일해야 하는데?"

"그야, 인간은 사회 안에서만 살 수 있으니까."

"그거 나 말고 다른 사람이 하면 안 돼?"

"음… 하여간 공부 잘해야 돈도 많이 벌구."

"왜 돈은 많이 벌어야 해?"

"음… 네가 아직 사회를 몰라서 그래, 쓸데없는 질문 그만하고 가서 공부나 해."

이 사회를 마음대로 휘젓고 있는 천민자본주의의 악행에 휘둘리는 시민들을 탓하고자 하는 이야기는 아니다. '왜'라는 질문에 대한 이야기이다. 연속된 세 번 이상의 '왜'라는 질문은 우리를 당혹하게 만든다. 이를 보건대 '왜'라는 질문 자체가 미궁을 향하고 있는 존재인지도 모른다. 사람들이 반복적으로 나타나는 '왜'를 귀신 보듯 하는 것도 이 때문일 것이다. 인간은 호기심으로 성장하지만 미궁과 마주하는 순간, 자기라는 존재의 기반을 잃고 허공을 방황한다. 삶은 원래 존재 기반이 약한 것일지도 모른다. 그래서 우리에게는 이렇게 많은 허공이 존재할지도 모른다.

문학은 바로 이런 질문이다. 과학이 원인을 파헤치면서 결론으로 치닫는 인간의 근원적 행동이라면 문학은 그 자체가 '왜'라는 질문의 형식이다. 거기에 답은 없다. 인생의 근저에 자리잡은 미궁과 마주하는, 삶의 바닥과 똑바로 눈 마주치는, 그렇게 스스로 질문하는 양식이다.

인간의 감각에는 한계가 있다. 전자기파의 아주 작은 부분인 가시광선만을 볼 수 있으며 들을 수 있는 소리도 아주 제한적이다. 아주 느린 시간이나 아주 빠른 시간은 느낄 수 없으며 아주 큰 공간이나 아주 작은 공간은 단지 상상할 뿐이다. 과학은 인간이 가진 감각의 한계 바깥으로 우리를 이끌고 있다. 직접 느낄 수 없는 영역으로 우리의 감각을 확장하고 있다. 감각이야말로 외부세계와 나누는 대화이다.

문학은 삶의 바닥을 대면하면서 자꾸 질문한다. 외면하고 싶은 것들을 눈앞에 들이민다. 어느 순간 괴로울 수도 있지만 그것이 없다면 생은 생존 이상의 의미를 내동댕이치고 말 일이다. 모두가 소통이다. 우리는 과학을 통해 인간의 감각 바깥의 것과 소통하고 문학을 통해 삶이라는 미궁과 소통한다.

상보성에 대해

상보성相補性, complementarity이란 양자역학의 세계를 설명하기 위해 도입된 개념으로 과학적으로 옳다고 판단하는 두 가지 물리적 상태가 존재하는 경우 두 가지를 동시에 관측할 수 없는 성질이다. 상보성의 대표적인 예로 빛을 들 수 있다. 빛은 입자로도 존재하고 파동으로도 존재한다. 아인슈타인처럼 빛에게 입자로 나타날 것을 주문하면 예의 입자의 모양으로 나타나 광전효과라는 선물을 안겨준다. 그러나 이중슬릿과 같은 실험 장치를 만나면 실험자의 의도를 미리 알아채고 선명한 간섭무늬를 그린다. 그러나 이처럼 배려가 깊은 빛도 자신이 가진 입자의 성질과 파동의 성질, 이 두 가지 결과를 동시에 보여주지는 않는다. 상보성의 원리이다.

하이젠베르크의 불확정성의 원리 또한 상보성을 충실히 따른다. 전자의 위치를 알고 싶어하는 사람에게 전자는 위치 정보는 알려주지만 그와 동시에 운동량(속도)까지 알려주지는 않는다. 반대의 경우에도 한 가지 정보만을 알려준다. 마치 사생활이 선명하지 않은 여자 같다. 이런 경우 많은 남자들은 여자에게 더욱 매달린다. 알고 싶은 것이다. 이때 여자는 한동안 신비롭다는 최상의 묘사를 얻는다. 그러나 중년의 남자가 가진 지혜의 눈으로 볼 때, 이런 경우 여자는 밝힐 수 없는 치명적 약점을 가지고 있는 경우가 많다.

남자의 딸내미는 열두 살, 5학년이다. 슬슬 사춘기에 접어들 때도 됨 직한데, 그래서 남학생들의 시선에 신경이 쓰일 만도 한데 아직도 작고 새까만 사내아이이다. 학원이라고는 한 군데

도 다니지 않는 덕에* 학교가 끝나면 남자아이들과 뛰어놀다
가 늦기 일쑤이고 길에서 만나는 아이들에게 "야, 너 놀 수 있
냐?"라고 묻는 게 일이었다(그래서 한동안 그를 따라다닌 별명이
"야너놀"이었다). 집으로 돌아오는 즉시 거의 나체로 생활하며
(이것은 남자를 닮았다) 큰일을 볼 때에 화장실 문을 닫으면 큰일
이라도 나는 줄 알고 있다. 책 보면서 배꼽의 때 파기가 취미이
고 남자아이에게서 "야, 너는 손에 로션도 안 바르냐?"라는 질
책성 질문을 받고 그 이야기를 아무렇지도 않게 하기도 한다.

딸내미가 너무 어린 나이에 『삐삐 롱스타킹』에 빠져 생활하
면서 말괄량이 삐삐를 자신의 역할모델로 정한 것도 하나의 원
인이 될 수 있다는 생각과 함께 남자는 유전자가 부모에게서
자식에게 전해진다는 과학적 사실에 회의를 품게 되었다.

하여간 며칠 전 아이는 남자에게 뜻밖의 얘기를 했다. 친구
들이 자신을 신기하게 생각한다는 것이다. 학원도 안 다니고
만날 놀면서 어떻게 그렇게 공부를 잘하냐는** 질문을 곧잘

---

* 이 부분에서 남자는 스스로 자책할 수밖에 없다. 이 상황의 원인을 실토하자면 남과 다른 교육관이
20%, 남과 다른 경제능력이 80%이기 때문이다.
　** 오해 말자. 아이의 성적은 겨우 허리를 넘기는 정도이며 이 표현은 아이가 나름대로 번역한 것일
확률이 높다.

받는단다. 어이없이 웃으면서도 남자는 깨달았다. 공부 잘하는 아이와 잘 노는 아이, 초등학생에게 이 둘은 상보적으로 보였을 것이다. 그러니까 두 가지 상보적 성질을 만났을 때 사람들은 신비로움을 느낀다는 사실이다.

남자는 그러나 미혼남들에게 무거운 마음으로 충고하였다. '신비로운 여자에게 속지 말라!'라는 말. 밖에서 본 여자들의 모습은 절대 믿지 말라는 말이었다. 추측컨대 남자도 그 '신비로운 여자 콤플렉스'의 피해자일 확률이 높다.

물리학자인 프리먼 다이슨은 과학과 종교 사이의 상보성에 대해 말했다.

나는 보어가 사용한 넓은 의미의 상보성을 이용하여 과학과 종교 사이에도 상보성이 존재한다고 말하고 싶다. 전통적인 신학의 형식적인 틀과 전통적인 과학의 형식적인 틀은 모두 인간의 경험을 전체적으로 이해하기에는 너무 좁다. 둘은 우리 존재의 기본적인 요소들을 모두 포함하지 못한다. 신학은 미분방정식을 포함하지 못하며 과학은 신성함을 포함하지 못한다. 그러나 이 틀이 너무 좁다는 사실이 이것들을 확장하면 다른 것을 포함할 수 있다는 것을 의미하지는 않는다. 상보성은 배타적일 때 적용된다. 상보성의 핵심은 인간의 종교적인 면과 과학적인 면을 동시에 관측하는 것이 불가능하다는 것이다.

과학과 문학도 상보성의 관계를 가지고 있을까? 프리먼 다이슨은 같은 글에서 종교의 생명을 길게 만든 것이 문학이라고 했다. 종교가 문학의 외피를 입으면서 더욱 깊게 인간들 사이로 파고들었으며 그 생명력 또한 강화시켰다. 문학은 자신이 선택한 소재에 대해 시간에 썩지 않는 방부 처리의 역할도 해낸 것이다. 그러나 시간이 지난 후에 남은 것은 사람에 대한 이야기인 문학뿐이었다. 아니 문학이 아닌 다른 무엇으로 진화한 것이었다. 오랜 시간을 견디고 인간의 유산으로 살아남은 경전들은 하나같이 아름다운 상징과 통찰로 가득하다. 문학과 버무려지면서 새롭게 발효한 무엇이 되었다.

과학은 나름의 언어를 갖고 있다. 수학이다. 그러나 과학이 발견한 세상의 비밀과 진실이 수학이라는 형식으로 저장되어 소수의 전문가들만이 누릴 수 있는 비전秘典이 되는 일은 미래의 인류에게 남겨줘야 할 새로운 감각기관을 절개해버리는 일과 같다.

과학과 문학은 상보적 관계가 아니다. 과학 또한 아름다움의 가치로 다시 해석되어야 하며 인생에 적용될 수 있도록 번역되어야 한다. 진실된 것들은 다른 시공에 있더라도 항상 같은 곳을 가리킨다. 진리의 방향이다.

7장

과학과
문학의 통섭,
안개상자 속에서
시가 만드는 궤적

"가렵다. 이 우주적 가려움의 근원은
우주가 인간에게 선물한 호기심이다."

김병호

다른 이의 발자국에 겹쳐 찍는 첫발자국

'과학'이라는 단어에 대해 보이는 반응은 대부분 이렇다. 좋은 것이고 필요한 것이기는 하나, 전문적이고 어려우니 해당 분야의 전문가들이 알아서 하라, 이다. 약간의 선망과 대부분의 포기라는 혐의가 짙다. 많은 사람이 가끔 신문에 나는 과학기사의 헤드라인을 읽는 일로 소임을 다했다고 자부한다.

과학의 시작 또한 상상이다. 상상의 대부분은 상상에서 끝나지만 어떤 상상은 인간과 과학의 역사를 바꿔놓는다. 우주는 인간에게 호기심과 상상력을 주었고 인간은 그것을 이용해 우주와 소통한다. 하늘을 나는 상상은 날개 없는 인간의 오랜 꿈이었다. 상상을 바탕으로 허공의 흐름*을 이해함으로써 하늘을 날았다. 세상의 끝을 지나면 무엇이 있을까 하는 동경은 결국 인간을 지구 밖으로 이끌었다.

이런 확장과 깊어짐의 과정에는 직관과 영감을 동력으로 한 도약이 뒤따른다. 과학은 결과를 똑같이 재현하기 위해 철저한 연구와 과정의 기록이 필요하다. 문학이야말로 도약이다. 한곳에서 다른 곳으로의 도약은 바로 감동에 복무한다. 문학이 가지는 도약의 과정에서 논리적 설명은 형상의 뒤로 숨는다.

도약에는 힘주어 내딛는 첫발자국이 필요하다. 많은 발자국은 실패하겠지만 그 발자국을 딛고 뛰는 다른 발자국은 성공할 확률이 높아진다. 인간 의식을 지탱하는 두 축에는 이성과 감성이라는 두 기둥이 있다. 인간이 신의 형상을 본떴다는 전언은 분명 우주를 닮았다는 말이다. 인간이 이성과 감성을 가지고 있다면 우주도 그러하며 오히려 그 이상이다. 우리가 목표하는 도약은 인간 의식의 도약이기에 도약의 첫발자국은 과학이 찍어도 좋고 문학이 찍어도 좋다.

· 유체역학이라는 말은 별로 재미가 없다.

요즘 같은 진공의 가을하늘 아래에서는 만물이 속내를 다 드러낸다. 부끄러움도 없다. 빛을 등진 실루엣으로 남은 은행잎과 배춧잎은 마음의 잔갈래까지 모두 알몸이다. 사람이라고 별수 있겠는가? 잘 바라보면 감출 수 없는 흔들림으로 모두의 걸음걸이가 잘게 떨린다. 땅속으로 허리까지 잠겨 걷는 사람도 흔하다. 저 바닥에 존재의 밑동을 흔드는 무엇이 있다.

과학이나 문학 모두 사람이 하는 일이다. 가을날 사람들이 휘몰리는 감정이 갖는 경우의 수는 그리 많지 않다. 과학 하는 사람, 문학 하는 사람 모두 깊은 감정의 우물 바닥을 표현하려 든다. 다가가는 길이 다를 뿐이다. 이제 언어가 필요하다.

과학의 언어는 수학이다. 수학은 가장 명료하게 목표한 곳을 향해 최단거리를 가로지르는 언어이면서 복기復棋 가능한 언어이다. 다름없이 재현 가능한 논리를 사용하고 있다는 말이다. 한편 시는 일상의 말을 사용한다. 언어가 갖는 근원적 불확실성에도 불구하고 목표를 향해 한 번에 점프하려고 한다. 오히려 언어의 불확실성까지도 이용하면서 도약한다. 그곳이 어디인지 손가락으로 가리킨다. 우리는 정서의 공명을 일으키기 위해 서로를 바라보며 호흡의 주기를 맞추고 있다.

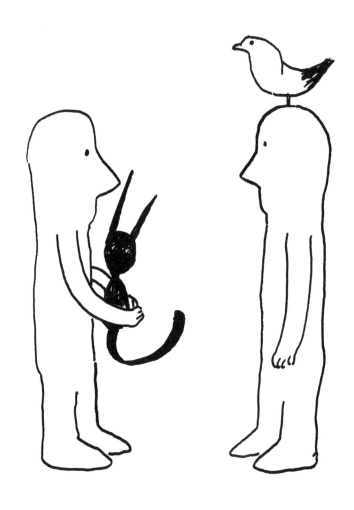

우리는 모두 깊은 감정의 우물 바닥을 표현하려 든다.

과욕은 이런 시를 낳기도 했다. 시적 언어와 과학의 언어를
통역해보자는 시도였다.

시간과 사건, 현실과 인생 사이의 경험적 연쇄

T=시간, E=사건, R=현실, L=인생, 이라 할 때 이 네 개의 변수
들이 가지는 인과는 연쇄 치정痴情이다. 경험은 안다.

네 개의 변수 외에 필요하다면 당신은 한두 개 정도 임의로 변
수를 지정할 수 있다. 뭔가를 설명한다는 일은 새로운 기호를
만들어 정의해버리거나 이미 있는 기호를 자의적으로 해석하는
일이니까.

시간은 의식의 자취이다. 의식을 풀어 해석하기 위한 기준이다.
객관적인 실체로의 시간에 대해 회의적인 언술이다. 좀더 구체
적으로 시간을 공간과 함께 우주를 구성하는 실제 존재하는 양
이기도 하다. 시간은 다른 차원에 숨어 있는 불연속적이면서 객
관적 실재이지만 낮은 단계의 차원에서는 한 방향성만을 가진
다. 시간은 실재하는 조각조각의 편린이며 이것들의 예측 가능
한 변화에 의식은 따라다닌다.

여기까지의 정의에 따르면 의식의 시작에서 끝까지 작은 시간
미립자들을 모두 더해 하나의 시간 방향에 따른 공간 체적을 만

들어 사건이라고 유추할 수 있다. 그래서 사건은 수학적으로 시간에 대한 전체 적분으로 표시할 수 있다. 이 의식 복합체에 방향성을 부여해주는 것이 시간이다.

현실은 객관적 사건들을 더한 산술합에 감각 차원에서 작동하는 주관적 요소가 더해져 만들어진 하나의 환상 복합체이다. 환상이라는 것도 분명 실재하는, 현실을 이루는 한 요소로 볼 수 있다. 물론 '실재'와 '물질적 존재'가 가지는 범위에 대해 오해하지 않길 바란다. 물질의 거푸를 쓰지 않은 것들이 실재하는 경우가 더 많다. 전체 수 범위 안에는 허수虛數 부분이 포함되어 있는 것처럼. 아주 간단하지만 수 안에 존재하는 허수의 의미는 현실 안에서 환상이 가지는 실재성을 명징하게 상징한다.

현실은 사건에 전체 가능한 경우의 수를 곱한 것이라 할 수 있다. 다음으로 인생은 현실을 0으로 나누는 행위라 정의한다. 0으로 나누는 행위는 수학적으로 정의되어 있지 않다. 즉 수학적으로 오류이지만 정의되지 않는 짓을 함으로 행위 자체를 무화시키는 행동이다. 그래서 슬쩍 손가락 사이를 빠져나가는 것이며 아무것도 답이 아니고 또 무엇이든지 답인 척 행동할 수 있다. L의 속성은 원래 그렇지 않나?

T=시간, E=사건, R=현실, L=인생, 이라 하고 위 의문들을 수학

$\oint_s^e Tdt = E$ (dt는 시간 T의 작은 조각, s는 의식의 시작, e는 의식의 끝)

$E(a+bi)=R$ ((a+bi)는 복소수로 실수와 허수 부분을 모두 가지고 있다.)

$R \div 0 = L$ (정의되지 않는 수학적 행동으로는 의미 없는 해가 나온다.)

이 방정식은 어떠한 사건을 넣어도 인생이라는 범주 안에 있는 답을 얻을 것이고 그것이 무엇이든 바른 해가 아니라고 우길 수도 있으며 이 둘 다 답이라고 말하는 이의 가슴에 엉겨붙은 통증을 애쓰지 않아도 지울 수 있다.

거칠게 풀어보자면, 시간을 인간 의식의 조각난 편린으로 정의하고 시간 미립자들을 시간 방향에 따라 전체적분하면 사건이라는 하나의 틀이 자리 잡는다. 여기서 의식 복합체에 방향성을 부여해주는 것이 시간이다. 이제 현실은 객관적 사건들을 더한 산술합에 감각 차원에서 작동하는 주관적 요소가 더해져 만들어진 하나의 환상 복합체라 할 수 있다. 그래서 현실의 환상 부분을 상징하는 허수虛數 부분을 가진 복소수가 등장한다. 이제 현실은 사건에 가능한 경우의 수 전체를 곱한 것으로 표시할 수 있다. 그다음 인생은 현실을 0으로 나누는 행위라는 결론에 도달한다. 0으로 나누는 행위는 수학적으로 정의되어 있지 않다. 즉 수학으로는 오류이지만 정의되지 않는 짓을 함으로써 행위 자체를 무화시키는 행동이라 할 수 있다. 그리하여 슬쩍 손가락 사이를 빠져나가는 것이며 아무것도 답이 아니고 또 무엇이든지 답인 척 행동할 수 있는 것이 인생이다.

물론 이런 설명에 허점이 있을 수 있겠지만 이런 시도가 필요한 것은, 과학과 시, 이 둘은 언어를 사용한 인간 의식을 확장해나가는 정신활동의 가장 큰 기둥이기 때문이다.

언어는 뭔가 지향하는 것도 있지만 뒤에 자기도 모르게 가지고 있는 그림자가 있다. 굳이 분별을 해보자면 시는 주로 언어의 그림자 부분을 능수능란하게 사용하지만 과학은 목표까지 최단거리 경로를 추구하고 그 과정은 엄밀하다.

과학은 그리 딱딱하지 않다

시는 대부분 정서적 충격에서 출발한다. 그 충격의 대상은 주로 자연自然이 새로운 모습으로 문득 다가올 때이다. 인간과 인간관계 또한 자연의 일부라는 딱지를 뗄 수 없다. 모든 것의 시작과 끝은 이 안에 있다. 과학은 인간과 자연을 관계 짓는 특정한 방법이다. 과학이 밝혀낸 자연의 비밀스런 속내는 아름다움으로 꽉 차 있다.(우리가 아름다움을 느끼는 방법 또한 모두 자연에서 배운 것이다.) 다음은 리처드 파인만의 글이다.

지금 내 입은 정말 바쁘다! 그래서 자세한 이야기를 일일이 하고 넘어갈 수가 없다. "모든 별들은 지구와 동일한 원소들로 이루어져 있다"는 문장 속에는 엄청난 사연이 숨어 있어서, 이것 하나만으로도 웬만한 강연 시간을 다 때울 수 있을 정도이다. 시인들은 과학이 별의 구조를 분해하여 고유의 아름다움을 빼앗아간다고 불평하지만, 내가 보기에 이것은 전혀 근거가 없는 주장이다. 나 역시도 스산한 밤에 하늘의 별을 바라보며 감상을 떠올릴 줄 아는 사람이다. 내가 물리학자라고 해서 시인보다 느낌이 강하거나 약하다고 말할 수는 없지 않은가? 나의 상상력은 드넓은 하늘을 가로질러 무한히 뻗어나갈 수 있다. 우주를 선회

과학과
문학의 통섭,
안개상자
속에서
시가 만드는
궤적

하는 회전목마를 탄 채로, 나의 눈은 백만 년 전의 빛을 볼 수도 있다. 어쩌면 내 몸은 아득한 옛날에 어떤 별에서 방출된 원자들의 집합체일지도 모른다. 팔로마 산 천문대의 헤일 망원경으로 하늘을 바라보면 이 우주가 태초의 출발점을 중심으로 서로 멀어져가고 있음을 누구나 느낄 것이다. 이 거대한 이동 패턴의 의미는 무엇이며 이런 일은 왜 일어나는 것일까? 이 질문에 대한 해답을 조금 안다고 해서 우주의 신비함이 조금도 손상을 입지는 않는다. 진리란 과거의 어떤 예술가가 상상했던 것보다 훨씬 더 경이롭기 때문이다. 오늘날의 시인들은 왜 이런 것을 시의 소재로 삼지 않는가? 왜 그들은 목성을 쉽게 의인화시키면서도 목성이 메탄과 암모니아로 이루어진 구형의 회전체라는 뻔한 사실 앞에서는 침묵하고 있는가? 이렇게 한정된 소재에만 관심을 기울이는 시인들은 대체 뭐하는 사람들인가?

시와 과학 이 둘은 구동력도 같다. 먼 곳까지 뛰는 힘은 역시 상상력이다. 모든 의미의 자유를 포함한 자유로운 상상력이야말로 시의 기둥이자 과학의 생명이다.

우리가 눈으로 볼 수 없는 것이 있다. 사랑하는 이의 눈에 고인 온기가 그것이고 극미極微의 세계에서 요동치고 있는 양자적 떨림이 그렇다. 우리가 가볼 수 없는 곳이 있다. 빅뱅 이후부터 빛의 속도로 팽창하고 있는 저 우주의 끝이 그곳이고 삶의 이유 없음이 고여 있는 저 바닥 아래가 거기이다. 우리가 만질 수 없는 것이 있다. 모든 전자기파의 각기 다른 진동수가 그것이고 슬픔이 내뿜는 높은 피크의 파장이 암시하는 울음이다.

그러나 사람들은 이 모든 것을 말하고 있고 또 이해하고 감동한다.

아인슈타인은 특유의 상상력으로 우리가 흔히 관계없는 다른 것들이라 느끼는 것들의 본질을 찾아냈다. 같은 것들이 스스로를 달리 말하고 있었다. 물질이 에너지이고 에너지가 물질이라고 말했다. 절망과 희망의 본질이 같듯이 유형의 물질과 무형의 에너지도 본질은 같은 것이며, 기분에 따라 그 상태를 달리 표현하고 있다고 말했다. 그가 사용한 언어는 단지 $E=mc^2$이었다.

시간과 공간은 한 몸이라고 상상했다. 우리가 사랑할 때 느끼는 가속된 시간은 사실이었다. 우리의 정신이 한 공간에 얽매여 있을 때 시간은 빨리 간다. 대신 많은 공간을 사용한다면 시간은 천천히 가기 시작한다. 시간도 시공간의 한 축 이상은 아니었다. 우리가 무거운 것에 끌려가는 것은 실은 질량이 공간을 휘어놓기 때문이라고 상상했던 이도 그였다. 힘은 질량에서 나오고 공간은 구부러짐으로 평형을 이룬다. 우리는 그 안에서 다시 힘을 느끼고 휘어진 공간의 경사를 타고 이리저리

미끄러지는 것이었다. 우리 인식의 경험 공간도 그다지 평탄하지 않았다. 그 곡률은 무언가 집중된 곳 근처에서 커진다.

또 세상의 벽은 다름 아닌 빛의 속도라고 생각했다. 그 벽을 통과하려면 길이가 0이 되어야 한다. 질량이 무한대로 간다. 시간이 정지해야 한다.

상상력은 갈 데까지 가보자는 거다. 미궁에 대한 추측이고 본질에 대한 예상이다. 할 수 있는 한, 세계에 대한 나름의 밑그림이다. 확장이다. 시도 그렇지 않은가? 다른 차원에의 발 담금이고 나만이 캐낸 비밀의 폭로이다.

상생 相生

4학년 통계역학 시간이었다. 나는 이미 대부분의 시간을 전공과 상관없는 딴 짓으로 메우고 있었고 출석 점수만으로 마지막 학기를 무사히 보내려고 노력하고 있었다. 오직 지구력으로 버티던 세 시간짜리 수업 중간에 누군가 뚱딴지같은 질문을 던졌다.

"우주는 무엇입니까?"

통계역학 시간에 그것도 한 올의 융통성도 없던 중년의 교수에게 던지는 질문으로는 너무 뜬금없었다. 지루한 수업을 지체

시키려는 의도가 엿보였다. 아주 흥미로웠다. 그 흥미는 단지 교수의 반응에만 집중된 것이었다. 그러나 칠판에 잔뜩 수식을 써 내려가던 교수는 돌아서며 한순간도 주저함 없이 답을 던졌다.

"상호작용하는 것들의 총체이다."

그러고는 다시 돌아서 아무 일 없는 듯, 하던 일을 계속했다. 뒤통수를 얻어맞은 것 같았다. 내 정신을 후비는 과학과 철학과 문학을 아우르는 아주 명쾌한 답이었다.

137억 광년 멀리서 가늘게 빛을 보내는 끊어질 듯한 별빛은 여기 지구라는 작은 행성의 인간들의 슬픔을 돋우기도 하고 호기심을 자아내기도 한다. 어떤 이는 향수를 느끼기도 할 것이다. 이것이야말로 상호작용이 아니고 무엇일까. 나와 상호작용하지 않는 것은 이미 다른 우주에 있는 것이다. 아니 내 상상의 덫에 걸린다면 다시 우리 우주로 편입시키는 것이 된다. 이렇게 우주의 크기는 서로에 대한 인지만으로도 달라진다. 유한하면서 무한하다.

과학과 시, 이 둘의 동력은 상상력이다. 상상력은 도저한 정신의 자유에 뿌리를 박고 있다. 그리고 상상의 과정은 정서적 카타스트로피이다. 불연속적 도약이자 예상할 수 없는 전복이고 다른 차원으로의 점핑이다.

인간 진화의 벼랑 끝에서, 정신의 마지막 칼날 위에서 마지막 한 걸음 내딛는 일이다.

우리 몸을 이루는 원자들은 3개월이면 모두 다른 것으로 교체된다고 한다. 음식과 호흡, 기타 대사로 이 순환은 이루어진다. 이런 물적 토대의 완벽한 변화에도 불구하고 내가 아직 나라고 생각하고 너를 기억하고 있는 현상은 어떻게 설명할 수 있을까?

정보이다. 고유한 패턴을 유지하는 특정한 에너지장이 가진 정보이다. 곧 소멸할….

여자의 지문指紋

몸을 이루는 모든 원자原子가 바뀌어도 기억이 너를 찾는 건 정체가 내 몸에 서린 것이 아니라는 수군거림이라 수긍해도 너를 조립하는 최소단위單位들이 모두 자리 바꾸는 석 달을 내리 숨참으며 기다려도 항상 내게서 튕기는 네 방향성은 지구가 외면하는 방향이 46억 년 동안 변하지 않아 생긴 극성 때문이라는 건 왜 아무도 귀띔 안 하는지, 물질을 원망하지 않고 정신을 원망하지 않고 생生이라는 흔적 없는 궤적을 흩어버리는 가을바람만 미워하니 내 주변을 휘도는 특정한 패턴의 흔들림이, 그것이

개성이라는 각각의 성깔이니 아, 너이니, 정처 없는 원자原子들

은 몸에서 한바탕 흐느끼다가 나갈 뿐, 단지 패턴으로, 패턴이

란 보이지 않는 것을 보이게 하는 흔들림이라는데 네 패턴은 단

지 지문指紋의 쏠림만은 아닐 터인데

참고문헌

곽영직, 『양자역학의 세계』, 동녘, 2008

그레이엄 파멜로, 『20세기를 만든 아름다운 방정식들』, 양혜영 옮김, 소소, 2006

김병호, 『과속방지턱을 베고 눕다』, 랜덤하우스중앙, 2006

김수영, 『김수영 전집 시』, 민음사, 2003

김희준 외, 『과학으로 수학보기 수학으로 과학보기』, 궁리, 2005

남순건, 『스트링 코스모스』, 지호, 2007

뉴턴 하이라이트, 『신비한 수학의 세계』, 뉴턴코리아, 2009

니코스 카잔차키스, 『그리스인 조르바』, 이윤기 옮김, 열린책들, 2000

다마키 고시로, 『화엄경의 세계』, 현암사, 1992

리처드 파인만, 『파인만의 여섯 가지 물리 이야기』, 박병철 옮김, 승산, 2008

마이클 핸런, 『과학이 아직까지 풀지 못한 10가지 질문』, 김문숙 옮김, 기린원, 2008

마커스 초운, 『네버엔딩 유니버스』, 김희원 옮김, 영림카디널, 2008

마틴 리스, 『여섯 개의 수』, 김혜원 옮김, 사이언스북스, 2006

미치오 카쿠, 『평행우주』, 박병철 옮김, 김영사, 2006

브라이언 그린, 『우주의 구조』, 박병철 옮김, 승산, 2005

─────, 『엘리건트 유니버스』, 박병철 옮김, 승산, 2002

아이작 아시모프, 『아시모프 박사의 과학 이야기』, 풀빛, 1991

이성복, 『뒹구는 돌은 언제 잠 깨는가』, 문학과지성사, 1992

일본뉴턴프레스, 『시간이란 무엇인가』, 뉴턴코리아, 2007

제임스 프레이저, 『그림으로 보는 황금가지』, 이경덕 옮김, 까치, 2001

존 캐리, 『지식의 원전』, 김문영 외 옮김, 바다출판사, 2007

진옥섭, 『노름마치』, 생각의 나무, 2008

칼 세이건, 『코스모스』, 홍승수 옮김, 사이언스북스, 2004

테드 창, 『당신 인생의 이야기』, 김상훈 옮김, 행복한책읽기, 2004

프리먼 다이슨, 『그들은 어디에 있는가』, 곽영직 옮김, 이파르, 2008

과학인문학

ⓒ 김병호 2010

1판 1쇄 2010년 2월 23일
1판 3쇄 2011년 10월 27일

지은이 김병호
펴낸이 강성민
편집장 이은혜
마케팅 신정민
온라인 마케팅 이상혁 한민아

펴낸곳 (주)글항아리 | 출판등록 2009년 1월 19일 제406-2009-000002호

주소 413-756 경기도 파주시 문발동 파주출판도시 513-8
전자우편 bookpot@hanmail.net
전화번호 031-955-8891(마케팅) 031-955-8898(편집부)
팩스 031-955-2557

ISBN 978-89-93905-16-8 03100

글항아리는 (주)문학동네의 계열사입니다.

이 도서의 국립중앙도서관 출판시도서목록(CIP)은 e-CIP 홈페이지(http://www.nl.go.kr/ecip)에서 이용하실 수 있습니다.
(CIP제어번호: CIP2010000173)